BIBLIOTECA ERA

# ELENA PONIATOWSKA

■

# LAS SIETE CABRITAS

# ELENA PONIATOWSKA

·

# LAS SIETE CABRITAS

EDICIONES ERA

Primera edición: octubre de 2000
Primera reimpresión: diciembre de 2000
ISBN: 968-411-498-2
Segunda edición (corregida): 2001
Novena reimpresión: 2014
ISBN: 978-968-411-517-0
DR © 2000, Ediciones Era, S. A. de C. V.
Calle del Trabajo 31, 14269 México, D. F.
Impreso y hecho en México
*Printed and made in Mexico*

www.edicionesera.com.mx

# Índice

© Héctor García

# • II •
## Pita Amor en los brazos de Dios

Página 33

# • III •
## Nahui Olin: la que hizo olas

**Página 59**

# • IV •
## María Izquierdo al derecho y al revés

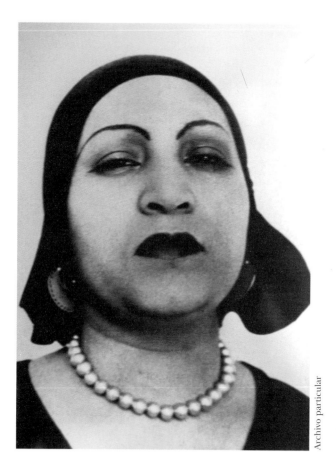

Página 85

# · V ·
## Elena Garro: la partícula revoltosa

© Kati Horna

**Página 109**

# • VI •
## Rosario del "Querido niño Guerra"
## al "Cabellitos de elote"

© Kati Horna

Página 133

## • VII •
## Nellie Campobello: la que no tuvo muerte

© Kati Horna

Página 157

# Sobre el título

■

Paula, mi hija, es dadora de títulos. Cuando le hablé de mis siete mujeres me sugirió: "Ponles *Las dulces gatitas*" "¿Cómo que *Las dulces gatitas*? Les queda de la patada, son todo menos gatitas, son bárbaras, bravísimas, no tienen nada de dulce." Entonces Paula insistió en *Las yeguas finas*, sin saber que así les decían a las niñas bien de la época de su abuela, las alumnas del Colegio Francés de San Cosme. Aunque la única que estudió allí fue Carmen Mondragón, la Nahui Olin del Dr. Atl, pensé que las verdaderas yeguas finas fueron precisamente ellas. Además, las siete tuvieron mucho que ver con animales. Frida Kahlo amó a las venaditas asaetadas y vivió enamorada de Diego su sapo-rana. Nellie Campobello es la Centaura del norte. María Izquierdo encontró en los caballitos de feria su mejor tema, Elena Garro, Nahui Olin y Nellie Campobello, que al final de su vida tenía veinticinco, enloquecieron con los gatos y Pita Amor en el Edificio Vizcaya les compraba collares con campanita. "Michitos, michitos, vengan a ver a su mamita." La única que no tuvo mascotas fue Rosario Castellanos, pero sus tobillos delgadísimos (que hacían temer por su equilibrio) fueron los de una yegua fina, lo mismo que sus líquidos escalofríos.

A pesar del enojo de Paula, quien me dijo: "Nunca más te vuelvo a dar un título para tus pinches libros", opté por *Las siete cabritas* porque a todas las tildaron de locas y porque más locas que una cabra centellean como las Siete Hermanas de la bóveda celeste.

A mis Tres Gracias,
Monsiváis, Pacheco y Pitol

Agradezco a Pablo Rodríguez
su entusiasmo cabrío

Diego, estoy sola; Diego, ya no
estoy sola: Frida Kahlo
∎

Ésta que ves, mirándote a los ojos, es un engaño. Bajo los labios que jamás sonríen se alinean dientes podridos, negros. La frente amplia, coronada por las trenzas tejidas de colores, esconde la misma muerte que corre por mi esqueleto desde que me dio polio. Mira, veme bien, porque quizá sea ésta la última vez que me veas. Mira mis ojos de vigilia y sueño, obsérvalos, nunca duermo o casi nunca, atravieso los días y las noches en estado de alerta, capto señales que otros no ven, mírame, yo soy el martillo y la mariposa que se congela en un instante como lo dijo Ignacio Aguirre, el pintor, mi amante. Siempre he despertado de la fiebre nocturna empavorecida pensando que me morí durante el sueño. ¿Ves mis manos cuajadas de anillos? Esas manos las beso, las reverencio, no me han fallado, han seguido las órdenes de mi cerebro, mientras mi cuerpo entero me ha traicionado. En esta piel que me envuelve, la linfa, la sangre, la grasa, los humores, los sabores están condenados desde que tengo seis años. Mi cuerpo ha sido un Judas y en México a los judas los quemamos, estallan en el cielo, quedan reducidos a cenizas. Todos los años, cada cuaresma, cada viernes de Semana Santa, la misma ceremonia: la quema de judas en recuerdo de la traición. Las manos que ves trenzaron mi cabello largo, negro, y clavaron flores en mi cabeza; así el poeta Carlos Pellicer pudo escribir "estás toda clavada de claveles", estas manos que ves han enlazado a Diego, han podido echar el rebozo sobre mis hombros, han acariciado el pecho femenino de Diego, mi sapo-rana, han tomado el pezón de la mujer deseada, han jalado la manta para protegerme del frío, pero sobre todo han detenido el pincel, mezclado el color en la paleta, dibujado mis pericos, mis perros, mis abortos, el rostro de Diego, mi nana indígena, el contorno de las caritas de los hijos de Cristina mi hermana, las cejas de mi padre, Guillermo; han escrito cartas y un diario, han enviado recados amorosos, me han hecho pintora. Las manos que ves tomaron la tijera y cortaron mi pelo, regaron los cabellos largos en el suelo, me vistieron de hombre, me abotonaron la bragueta y escribieron la canción: "Mira que si te quise fue por el pelo, ahora que estás pelona ya no te quiero".

Todo lo pinté, mis labios, mis uñas rojo-sangre, mis párpados, mis ojeras, mis pestañas, mis corsés, uno tras otro, mi nacimiento, mi sueño, mis dedos de los pies, mi desnudez, mi sangre, mi sangre, mi sangre, la sangre que salió de mi cuerpo y volvieron a meterme, los judas que me rodean, el que cuida mi sueño en la noche, el judas que me habita y no dejo que me traicione. Al pintarlos no los exorcizaba, nunca quise exorcizar a nadie, ni a nada. Supe desde niña que si exorcizaba mis demonios sería india muerta.

Mi padre era epiléptico, la epilepsia es una posesión. Cuando Diego me estaba cortejando mi padre lo previno: "Tiene al demonio adentro". Era cierto; ese demonio me dio fuerza, es el demonio de la vida.

Ésta que ves, mirándose al espejo, reflejada siempre en el otro, en la tela, en el vidrio de la ventana por donde salgo imaginariamente a la calle, ésta que ves fumando, ésta que sale de la tela y te mira fijamente soy yo. Me llamo Frida Kahlo. Nací en México. No me da la gana dar la fecha. A mi primer novio Alejandro Gómez Arias no le dije mi edad porque era menor que yo. Yo no quiero perder a nadie, no quiero que nadie se muera, ni un perro, ni un gato, ni un perico, no quiero que me dejen. Que todos estén siempre ahí para que me vean. Existo en la luz refleja de los demás. Ésta que ves nunca quiso ser como los demás; desde niña procuré distinguirme para que me pusieran en un altar. Primero mi papá, luego Alejandro que en verdad nunca me quiso y "los Cachuchas", mis compañeros de la Prepa. Quería que me amara el cielo intensamente azul de México, las sandías atrincheradas en los puestos del mercado, los ojos ansiosos de los animales. Iba yo a lograr que el mundo cayera de cabeza de tan enamorado de la Niña Fisita.

"Los Cachuchas" éramos unos bandidos; robábamos libros en la Biblioteca Iberoamericana y los vendíamos para comprar tortas compuestas. Anticlericales, las pasiones aún caldeadas por la Revolución, estábamos dispuestos a todo. No queríamos estudiar, sólo pasar de panzazo. Una vez le puse una bomba a Antonio Caso que daba una conferencia, y explotó en una de las ventanas del salón de El Generalito. Los vidrios le rasgaron la ropa. Antonio Caso me caía regordo, por filósofo y por chocante. El director Vicente Lombardo Toledano me expulsó de la Preparatoria. José Vasconcelos el secretario de Educación lo mandó llamar y le dijo: "Más vale que renuncie a la dirección, si no puede controlar a una muchachita tarambana de catorce años". Lombardo Toledano renunció.

Supe siempre que en mi cuerpo había más muerte que vida. Desde pequeña me di cuenta, pero entonces no me importó porque aprendí a combatir la soledad. A un enfermo lo aíslan. A los amigos se les conoce en la cárcel y en la cama. A los seis años, zas, una mañana no pude ponerme de pie, zas, poliomielitis. Diagnosticaron "un tumor blanco". Pasé nueve meses en cama. Me lavaban la piernita en una tinita con agua de nogal y pañitos calientes. Mi padre me ayudó. Me compró colores y me hizo un caballete especial para dibujar en la cama. La patita quedó muy delgada. Nadie sabía nada de nada. Los doctores son unas mulas. A los siete años usaba botas. "Frida Kahlo pata de palo, Frida Kahlo pata de palo", gritaban en la escuela. Me habían hecho un verso:

> Frida Kahlo pata de palo
> calcetín a moda gringa
> ya ni la friega.

No creí que las burlas me afectaran, pero sí, y cada vez más. Para que la pierna no se me viera tan flaca me ponía doble calcetín. En mi cuerpo pequeño se instaló el sufrimiento físico muy pronto, y no sólo el mío sino el de mi padre Guillermo Kahlo.

Él me amó mucho, fue el primero que verdaderamente

me amó, más que a nadie. Llevaba en su bolsillo una botellita de éter. Más tarde lo acompañé a tomar sus fotografías de iglesias y monumentos y supe cómo cuidarlo a la hora del ataque, darle a respirar el éter, meterle un pañuelo en la boca, limpiarle la espuma, echarle agua en la frente y cuidar que los curiosos en la acera no robaran la cámara. Eso hubiera sido lo peor, la pérdida de la cámara, porque éramos pobres y no habríamos podido comprar otra. Después de los ataques, él no me decía nada. Muy callado mi padre. No hablaba de su enfermedad. ¿Para qué? Todos los que iban por fotografías a la esquina de Londres y Allende lo respetaban porque no decía ni una palabra. Sabía lo que tenía que hacer, cumplía, era muy bueno. Con eso bastaba. A los siete ayudé a mi hermana Matilde, que tenía quince, a escapar a Veracruz con su novio. Desde entonces, creo en el amor. A las mujeres hay que abrirles el balcón para que vuelen tras el amor. También yo volé tras de Diego. He volado tras de todos los hombres y las mujeres que se me han antojado. Abrir el balcón, en eso consiste el amor.

Cuando mi madre se enteró que su hija preferida se había largado se puso histérica. ¿Por qué no se iba a largar Matita? Mi madre estaba histérica por insatisfacción. A veces yo la odiaba, sobre todo cuando sacaba los ratones del sótano y los ahogaba en un barril. Aquello me impresionaba de un modo horrible. Quizá fue cruel porque no estaba enamorada de mi padre. Cuando yo tenía once años, me mostró un libro forrado en piel de Rusia donde guardaba las cartas de su primer novio. En la última página escribió que el autor de las cartas, un muchacho alemán como mi padre, se había suicidado en su presencia.

El 17 de septiembre de 1925 cambió para siempre mi vida, porque hasta entonces la piernita flaca no me causaba dolor. Fue el accidente del tranvía y del autobús. El tranvía arrastró y aplastó contra la pared al camión en el que íbamos Alex –mi novio– y yo. El choque fue tremendo. A mí el pasamano me atravesó el cuerpo como a un toro. Un hombre me cargó y me acostó en una mesa de billar. Y me arrancó el trozo de hierro, el pasamano que me atravesaba el cuerpo de lado a lado, como lo haría un carnicero, un torero. Alex me contó que quedé desnuda y toda cubierta de sangre y de polvo de oro, el polvo se pegó a mi piel por la sangre, y que la gente decía: "Miren a la bailarinita, pobre de la bailarinita". Un viajero traía polvo de oro y se regó sobre mi cuerpo en el momento del accidente. El diagnóstico fue: "Fractura de la tercera y cuarta vértebras lumbares, tres fracturas de la pelvis, once fracturas en el pie derecho, luxación del codo izquierdo, herida profunda en el abdomen, producida por una barra de hierro que penetró por la cadera izquierda y salió por la vagina, desgarrando el labio izquierdo. Peritonitis aguda. Cistitis que hace necesaria una sonda por varios días". Los médicos no entienden aún cómo sobreviví. Perdí la virginidad, se me reblandeció el riñón, no podía orinar, y de lo que yo más me quejaba era de la columna vertebral. De mi familia sólo Matita, mi hermana, vino a verme. Los demás se enfermaron de la impresión. A mi madre, cuando la vi por primera vez después de los tres meses en la Cruz Roja, le dije: "No me he muerto y, además, tengo algo por qué vivir; ese algo es la pintura". Es cierto, la pintura fue mi antídoto, mi única verdadera medicina. Los médicos son unos cabrones. La pintura me completó la vida. Perdí tres hijos y otra serie de cosas que hubieran llenado mi vida. Horrible. Todo eso lo sustituyó la pintura. Yo creo que el trabajo es lo mejor. El 5 de diciembre de 1925 le escribí a Alejandro Gómez Arias: "Lo único de bueno que tengo es que ya voy empezando a acostumbrarme a sufrir". El 25 de abril de 1927 le escribí de nuevo: "no te puedes imaginar la desesperación que llega uno a tener con esta enfermedad, siento una molestia espantosa que no puedo explicar y además hay a veces un dolor que con nada se me quita. Hoy me iban a poner el corsé de yeso, pero probablemente será el martes o miércoles porque mi papá no ha tenido dinero. Cuesta sesenta pesos, y no es tanto por el dinero, porque muy bien podrían conseguirlo; sino porque nadie cree en mi casa que de veras estoy mala [...] No puedo escribir mucho porque apenas puedo agacharme. [...] No te puedes imaginar cómo me desesperan las cuatro paredes de mi cuarto. ¡Todo! Ya no puedo explicarte con nada mi desesperación".

El domingo primero de mayo, Día del Trabajo, de 1927 escribí: "El viernes me pusieron el aparato de yeso y ha sido desde entonces un verdadero martirio, con nada puede compararse, siento asfixia, un dolor espantoso en los pulmones y en toda la espalda, la pierna no puedo tocármela y casi no puedo andar y dormir menos. Figúrate que me tuvieron colgada, nada más de la cabeza, dos horas y media y después apoyada en la punta de los pies más de una hora, mientras se secaba con aire caliente; pero todavía llegué a la casa y estaba completamente húmedo. Enteramente sola estuve sufriendo horriblemente. Tres o cuatro meses voy a tener este martirio, y si con esto no me alivio, quiero sinceramente morirme, porque ya no puedo más. No sólo es el sufrimiento físico, sino también que no tengo la menor distracción, no salgo de este cuarto, no puedo hacer nada, no puedo andar, ya estoy completamente desesperada y, sobre todo, no estás tú".

Cuando mi padre tomó mi fotografía en 1932 después del accidente vi que un campo de batalla de sufrimiento estaba en mis ojos. A partir de entonces empecé a mirar derecho a la lente. Sin sonreír, sin moverme, determinada a mostrar que yo iba a pelear hasta el fin.

La Frida que yo traigo adentro, sólo yo la conozco. Sólo yo la soporto. Es una Frida que llora mucho. Siempre tiene calentura. Está en brama. Es feroz. El deseo la embarga. El deseo del hombre y de la mujer, el deseo que la cansa. Porque el deseo desgasta mucho, vacía, inutiliza. La vida la perdí muchas veces pero también la recobré; volvía gota a gota en una transfusión, un beso de Diego, su boca sobre la mía, y luego se salía en una nueva operación. A lo largo de treinta años me hicieron treinta y nueve operaciones; en la última me cortaron la pata. "Pies para qué los quiero si tengo alas pa' volar." También cuando Diego me dejaba se me iba la vida, pero eso me gustaba. A Diego quería yo darle mi vida. Amarlo hasta morir.

Mi vida para que él viviera. A Diego lo quiero más que a mi vida. Yo las cosas no puedo guardármelas, no he podido jamás. Siempre he tenido que echarlas fuera, decirlas de algún modo, con el pincel, con la boca. Para decirme, para que otros me entendieran empecé a pintar. Mi cara. Mi cuerpo. Mi columna rota. Las saetas en mi envoltura de venado. Vestí a mis judas con la ropa de Diego y la mía y los colgué de la cama de baldaquino, al igual que los doctores me colgaban con bolsas de arena amarradas a las patas, dizque para estirarme. También le colgué un cascabel en agosto de 1953 a la pata postiza de celuloide, la cabrona prótesis, y pedí que la calzaran con una botita de cuero rojo.

Mis corsés. Cuántos corsés. Los corsés los pinté primero con violeta de genciana, con azul de metileno, los colores de la farmacia. Después quise adornarlos, volverlos obscenos, porque mi enfermedad era una porquería de enfermedad, una chingadera. Me jalaban del pescuezo, me estiraban las vértebras con tracción, y mi columna se hacía cada vez más frágil, mi espinazo cada día más inútil, oía yo tronar los huesitos como de pollo. Me inmovilizaban meses y meses para salir con que no había servido de nada, pinches matasanos. Muchas veces me quise morir, pero también, con furia, quise vivir. Y pintar. Y hacer el amor. Y pintar que era como hacer el amor. No tenía otra cosa más que yo. Yo era lo mejor para mí. Y Diego. Cuando me casé con Diego me llegó una felicidad caliente. Reíamos. Jugábamos. Él recordaba todas las travesuras que yo le hice, cómo lo maloreaba en los patios de la Secretaría de Educación. "Los Cachuchas" admirábamos mucho a los pintores y defendíamos los murales de Rivera, de Orozco, de Siqueiros, de todos. En el Anfiteatro le pregunté: "Maestro, ¿le molesta que lo vea pintar?" Contestó que al contrario. En otra ocasión al verlo pasar, le grité: "¡Qué ganas de tener un hijo de Diego Rivera!"

Un día también enjaboné tres escalones de la escalera central para que al pisarlos Diego resbalara y cayera, pero le avisaron y descendió por otro lado. Le pedí que me dijera sin tapujos lo que pensaba de mi pintura. Orozco vio lo que yo pintaba y le gustó. A Diego también. Ya casados, viajamos, me convertí en la distinguida señora doña Frida Kahlo de Rivera.

Nos enlazamos como plantas de frijol, echamos raíces, y mis heridas florecieron. Viajamos a los Estados Unidos, nos pitorreábamos de los gringos. Son como pan a medio cocer, salen crudos del horno. Y luego quieren que uno los quiera. Siempre hay un negrito en el arroz de la felicidad y Diego era muy enamorado, Diego era un macho, Diego tenía otras viejas, y tuve que apechugar, toda la vida amante tras amante, una vieja y otra vieja. Muchas amantes.

Dicen que Diego es inmoral. No es cierto. Él no cree en la moral, no tiene moral. Vive para su trabajo y se entusiasma con las viejas cachondas apestosas a pescado podrido. Cuando se enamoró de María Félix, sufrí mucho, pero luego ella lo rechazó y yo lo defendí. Yo también tuve otros amores, fui una devoradora, tomé y deseché, vámonos a la basura, chancla vieja que yo tiro, no la vuelvo a recoger. Fui tras del que me gustaba o de la que me gustaba, fui una amante violenta y tierna. Yo nací para fregar pero la vida me fregó. Todavía creo en mí y en la vida. En mí mientras viva y en todo lo que vive. "Diego, estoy sola, Diego, ya no estoy sola."

En Gringolandia tuve exposiciones, los gringos enloquecieron con mis muestras, de todos modos están locos de tanto beber cocacola. Me volví exhibicionista, quería ser espectacular donde quiera que entrara, pero dentro de mí, cada paso que daba era una chingadera. Reía como burro, echando mi cabeza hacia atrás para que nadie viera mis dientes escondidos por mi lengua. El diablo adentro. Reía a carcajadas para no llorar de dolor. Soy una vieja muy chingona. De adolescente me vestí con traje de hombre. Aún sin tacones era yo más alta que mis cuatro hermanas y mi madre; también más inteligente. Lo dijo mi padre. De grande me cubrí con faldas largas para no mirarme las patas, no me fuera a pasar lo que a los pavorreales, que se mueren del coraje y de vergüenza cuando se las ven.

Cuando tuve mi exposición en la Galerie Pierre Colle, organizada por André Breton en París, asistieron muchos franchutis. Allá en París me eché entre pecho y espalda litros y litros de trago, coñac tras coñac, botella tras botella, todas las noches para poder dormir, para aguantar los dolores en el espinazo. A mí siempre me gustó estar delgada pero no tanto. Empecé a flotar. Se me olvidaba que estaba tullida. Imagínense, en París, los modistos son tan payasos que al verme tropezar por las calles en medio de mis holanes inventaron para su colección un vestido al que le pusieron, háganme el condenado favor, Robe Madame Rivera. Me dio gusto aparecer en *Vogue*. Los pinches franceses dijeron que era yo extravagantemente hermosa. En México ni quien me volteara a ver en la calle, para México y para Coyoacán no era yo sino una coja.

Alguna vez, en una de mis fotografías, marqué el mapa de mi vida, los cuatro puntos cardinales con leyendas en cada lado, como si el dolor, el cariño, el amor y la pasión fueran los dioses de un códice oaxaqueño. Al norte, el dolor: vive en todas partes, me reconstruye en todo lugar. Al sur, el amor: es luz y música, un gran desgarramiento del corazón. Al oriente, la pasión: pirámide de la humanidad, dolor y esperanza. Y al poniente, el cariño. Cuando mi vida parta –porque debe partir–, yo, Frida, me quedaré para inmortalizarla. Yo soy una y mi vida es otra.

Tengo mis manos hundidas en naranjas.

En 1940, en San Francisco el doctor Eloesser me prohibió las bebidas alcohólicas y me quitó una posibilidad de evasión. Ya para entonces mis dolores eran tantos que la pintura ya no me abstraía como antes, me costaba sostener el pincel, concentrarme. Nunca hice nada al aventón, nunca pinté con descuido, así nomás. Todo lo repasaba una y otra vez hasta que cada tono saliera a la superficie exactamente como yo lo quería. Pinté cada uno de los pelitos de mis changos con sus pulgas encima, cada uno de los pelitos más finos de mi bigote. Tracé con esmero cada glándula y cada vena en el pecho de mi nana, cargado de leche. Las raíces y las flores entretejieron su savia y encontraron su camino dentro de la tierra. Las frutas eran tentadoras, llenas de agua, cachondas, lujuriosas.

Ésta que ves fue a recibir a Trotsky a Tampico. Diego me pidió que le diera la bienvenida a la pareja y la acogiera en mi casa de Coyoacán, la Casa Azul. Trotsky vivió entre mis fuertes paredes hasta que nos hicimos vecinos. Trotsky y Natalia, su vieja desabrida, en la calle Viena, Diego y yo, a la vueltecita, en la calle Londres. Él se chifló por mí. Ésta que ves los va a dejar con la curiosidad encendida.

A mí las alas me sobran.

En 1946, el doctor Philip D. Wilson fusionó cuatro vértebras lumbares con la aplicación de un injerto de pelvis y una placa, de quince centímetros de largo, de vitalio. Permanecí en la cama tres meses, pero mejoré. Mejoré mucho. Pero como mejoré sentí que podía hacer una vida casi normal; él me había dicho que no, que reposara, pero yo no podía desaprovechar mi mejoría, no me quedé en cama como lo indicó, me entró el nerviosismo de la vida, fui y vine sin parar, y las consecuencias de mi desobediencia fueron terribles. Pero así es mi carácter. Nunca fui prudente, nunca obediente, nunca sumisa, siempre rebelde. De no serlo, ¿habría aguantado mi vida y pintado además?

Sentí que mis fuerzas regresaban. Tan es así que cuando inauguraron la pulquería La Rosita que pintaron mis alumnos, "los Fridos", en la calle Francisco Sosa, dije: "No más corsé, esta noche, ando sin corsé". Caminé sola como pude, temblando, tambaleándome, llena de fiebre, y me lancé a la calle para celebrar la apertura de la pulquería La Rosita, me aventé al griterío de la calle, a los cohetes, a los judas, me lancé con el pelo desatado, grité: "¡Ya basta, ya basta!" y seguí aunque me cayera, aunque esa misma noche muriera, aunque nunca más volviera a levantarme de la cama, aunque esa noche terminara toda mi fuerza vital, aunque se me saliera el demonio que me mantenía pintando. Esa noche la gente en la calle me siguió, a todos les hablaba, hablé mucho, hablar es combatir la tristeza; hablé hasta por los codos a vecinos que ni conocía, me dirigí a caras que jamás había visto. Por un solo día quise ser libre, libre, sana, entera, como los demás, una gente normal, no una fregada.

El gran vacilón.

Ésta que ves, en su silla de ruedas, junto al doctor Juan Farill que me cortó la pata, es la madre de Diego, su amante, su hija, su hermana, su protectora, su guía, la que lo lleva de la mano, al lado de José Guadalupe Posada, en *Un domingo en la Alameda*. Ésta que ves, no cree que Dios exista, porque si existiera no habría sufrido tanto, ni hubiera pasado mi vida en cochinos hospitales sino en la calle, porque siempre fui pata de perro aun con mi pata tiesa. Si Dios existiera, los mexicanos no estarían tan amolados, mi padre no habría tenido epilepsia, mi madre habría sido una campanita de Oaxaca que sabe leer, Diego nunca me habría puesto los cuernos ni yo a él y ahora tendría un hijo suyo.

Yo soy la desintegración.

Ésta que ves, engaño tras engaño, murió el 14 de julio de 1954 y fue incinerada. La Frida de las calaveras de azúcar con su nombre escrito en la frente: "Frida", la del pincel de colores, la de los collares de barro y plata, la de los anillos de oro, la doliente, la atravesada por el pasamano, la que flameó, recuperó su cuerpo sano y grande en el momento en que lo envolvieron las llamaradas. La otra, la que yo inventé y pinté, la del rostro mil veces fotografiado, es la que permanece entre ustedes.

Nada vale más que la risa.

Ésta que ven ha regresado al polvo. Han desaparecido sus olores, sus calzones, el espesor de su carne, el rojo de sus uñas, la brillantez, la fijeza de sus ojos, su única ceja ala de cuervo a lo largo de la frente, su bigotito, su saliva, sus aceites y sus juguitos, el grosor de sus cabellos, sus lágrimas calientes, sus huesos rotos, su paleta, sus cigarritos, su guitarra, su modo de ser canto y agua y carcajada. Su dolor andando. Porque fui dolor en los corredores de geranios y helechos, frente a los murales de Diego, en la cocina cuajada de jarritos, en la mesa del comedor donde jamás comí a gusto, en la cama de baldaquino con su espejo arriba para poder verme pintar.

Soy perro burlón.

Ésta que ahora te mira es la primera de las dos Fridas.

Queda la que pinté en las telas, la bienamada por la vida, aquélla con la que dialogarán dentro de su corazón. Nunca he conocido a una mujer más cobarde que yo, nunca he conocido a una mujer más valiente que yo, nunca he conocido a una mujer más viva, nunca una más cochina, más cabrona, nunca una tan tirada a la desgracia. Nunca debe quedarse nada sin probar. Desde mi cama, desde mis corsés de yeso, de hierro, de barro, desde la tela, desde el papel fotográfico, les digo mujeres, hermanas, amigas, no sean pendejas, abran sus piernas y no ahorquen a los hijos por venir, duerman atadas al hombro del amado o de la amada, respiren en su boca, tengan el mismo vaho; en el dolor, los movimientos son energía perdida, oigan el latir de su corazón, ese misterioso, ese mágico reloj que todos traemos dentro.

Odio la compasión.

Escribí en mi diario unos cuantos días antes de mi muerte: "Espero alegre la salida y espero no volver jamás".

Dibujé al ángel negro de la muerte.

Viva la vida.

Se equivocó la paloma.

El cuerpo de Frida envuelto en llamas fue cremado el 14 de julio de 1954, mientras los asistentes entonaban *La Internacional.* Frida de los demonios, Frida la de Mr. Xólotl, Frida de los pinceles rojos mojados en su propia sangre, Frida la de los collares de piedra, Frida la de las cadenas, Frida la doliente, la crítica, la pícara, Frida cubierta al final con la bandera roji-negra, el martillo rojo, la hoz roja y la estrella blanca siguió siendo una comunista absolutamente apasionada en el cielo. Una Frida se ha ido, la otra queda.

La que se va es la coyona.

Ésta que ven ahora, yo misma, Friduchita, Friduchín, Frieda, la niña Fisita de Diego, le prende fuego a su envoltura humana, quema al Judas de cartón, lo hace lumbre, escucha con sus orejas y sus aretes cómo estalla en el cielo llenándolo de luz, asombroso fuego artificial, escucha pegada a la tierra los corridos de Concha Michel, el rasgueo de su guitarra tata chun, tata chun, oye cantar *La Internacional,* se queda para siempre entre ustedes, ella-yo la chingona, Frida Kahlo.

# Pita Amor en los brazos de Dios

∎

Dios, invención admirable
hecha de ansiedad humana
y de esencia tan arcana
que se vuelve impenetrable.
¿Por qué no eres tú palpable
para el soberbio que vio?
¿Por qué me dices que no
cuando te pido que vengas?
Dios mío, no te detengas,
o ¿quieres que vaya yo?

Pita Amor lo encontró en una cita puntual que ambos contrajeron el sábado 6 de mayo de 2000 cuando le dio neumonía. Dios la hizo esperar un poco, finalmente canceló otros compromisos para recibirla en su lecho divino el lunes 8 de mayo a las dieciséis cuarenta y cinco, en la clínica de su sobrino Juan Pérez Amor en Apóstol Santiago, San Jerónimo.

Como un chamán dieciochesco de chaleco de brocado, leontina, bigote zapatista y larga cabellera recién lavada, Juan la acompañó hasta el umbral y se detuvo porque sólo ella podía cruzarlo. "Nos abrazamos con los ojos, estábamos solos los dos, ella se veía muy hermosa, muy tranquila, y sin despedirse partió."

Pita Amor le cantó a Dios y ella misma fue Dios.

Para demostrarlo, Pita ha de estar dando ahora mismo paraguazos celestiales a los santos, poniendo a temblar a la jerarquía eclesiástica con sólo saludarla con su voz de trueno: "Buenos días" (un buenos días de Pita no es cualquier buenos días, retumba en la montaña), interrumpiendo la música de las esferas para decirle a Jesusa Rodríguez: "¡Eres bárbara! ¡Mejor que Chaplin!", y conminar a Patricia Reyes Spíndola mientras blande su bastón en el aire parada en medio del teatro, su rosa en la cabeza: "¡Patricia, baja de ese escenario inmediatamente! Esta obra es para tarados, no te merece. ¡Bájate, Patricia, o yo voy a subir!" Un coro de taxistas, agentes de tránsito y meseros humillados se habrán escondido tras las nubes para que ella no les diga: "¡Changos, narices de mango, enanos guatemaltecos!", así como en 1985 cuando le pidieron que diera una opinión sobre el terremoto exclamó: "¡Qué bueno! ¡Es una poda de nacos!"

*La poesía le viene de familia*

Este personaje singular que en los últimos años de su vida llamaban "la abuelita de Batman" en la colonia Juárez, habría cumplido ochenta y dos años el 30 de mayo. Nombrada "reina honoraria de la Zona Rosa", deambulaba por sus calles un día sí y otro también, vestida de mariposa de lamé dorado, de libélula, de Isadora Duncan, el pelo pintado, una flor a media cabeza, agobiada bajo el peso de varias toneladas de joyas y con la cara pintada como jícama enchilada.

Liverpool, Berlín, Londres, Varsovia, Hamburgo, Milán, Florencia, París, Versalles, Niza la vieron envejecer y enloquecer. Quizá Pita buscaba sus antiguas querencias en los oscuros departamentos de la colonia Juárez, puesto que ella nació en la calle de Abraham González 66 y luego vivió en la de Génova. Perdió la vista, la operaron de los ojos y desde entonces Pita anduvo con lentes de fondo de botella y bastón. Siguió sin soportar que alguien la abordara y utilizó el bastón para ahuyentar admiradores y acreedores, a veces pegándoles, a veces blandiéndolo al aire: "¡Paso, irredentos, abran paso!" Al caminar frente a unos limosneros los fustigaba: "¡De pie, zánganos, levántense y trabajen!"

El anticuario Ricardo Pérez Escamilla palió todas las catástrofes que se cernían sobre su cabeza. Leal y generoso, la protegió no sólo contra los embates de hoteleros, restauranteros y taxistas, sino también contra los ultrajes del destino. Pita quiso muchísimo a un niño rubio, Andrés David Siegel Ruiz, a quien llamó Pomponio e iba a visitar todos los días. Hoy Siegel es el dueño de una galería de arte en la casa donde vivieron Tina Modotti y Edward Weston en la avenida Veracruz 43. Guadalupe Teresa Amor Schmidtlein nació el 30 de mayo de 1918. Fue una niña privilegiada, la séptima de siete Amores, hijos de Emmanuel Amor y Carolina Schmidtlein. Emmanuel Amor tuvo otro hijo de un primer matrimonio: Ignacio Amor, a quien todos llamaban Chin, hijo de la primera mujer de Emmanuel Amor, Concha de la Torre y Mier, quien murió, hermana de Nacho de la Torre, casado a su vez con la hija de don Porfirio: Amadita Díaz. Los siete hermanos querían a la más pequeña, pero su vanidad y sus gritos en demanda de atención los preocupaban. Su hermana Maggie, la madre de Bernardo Sepúlveda, exsecretario de Relaciones Exteriores, alguna vez me contó:

"Pita era también muy molona para dormirse... y muy mañosa. Dormíamos en el mismo cuarto con nana Pepa, y Pita empezaba entre lloriqueos cada vez más fuertes:

"–¡Quiero a mi mamá!

"–Niña, cállate –decía resignada nana Pepa.

"–¡Ay!, no me digas 'niña cállate', dime 'calladita la boquita'...

"–¡Ya, ya, calladita la boquita!

"–¡Ay!, pero no me lo digas tan enojada, dímelo sin 'ya, ya'...

"Y así seguía la conversación quejumbrosa entre Pita y nana Pepa, que tanto caso le hacía. Y mientras, yo no podía dormirme."

## Soy divina

Elena, una de los dos Amor que viven, me contó también que Pita se encantaba viéndose en el espejo durante horas y hasta hace poco preguntaba con su voz de barítono:

"–¿Cómo me veo? Divina, ¿verdad?"

Su exhibicionismo, la adoración por sí misma, por su cuerpo, y el exagerado cuidado que tuvo de su persona durante su adolescencia, su juventud y los primeros años de su madurez fueron *vox populi*. "Nunca me he puesto un vestido más de dos veces", presumía. Por cierto que desde niña le chocaban los calzones, y lo que mejor hacía con ellos era quitárselos. Una monja la acusó de inmoralidad porque no llevaba nada debajo de su uniforme escolar. "Estoy en contra de los calzones matapasiones." Aun sin calzones, más tarde su elegante guardarropa y su buen gusto en el vestir fueron comentados por los cronistas de sociales. La mantilla negra de encajes que las señoras usan para ir a misa, Pita la desacralizó al usarla para cubrirse el pecho, los hombros, y envolver a sus amantes como tamalitos. A partir de los treinta años empezó a peinarse con un chino a media frente como el de los "cupies" de amor: esos cupiditos que revolotean siempre en torno a los enamorados.

De niña, en su casa de la calle de Abraham González, nunca aprendió lo que sus hermanas sabían a la perfección: las buenas maneras; el francés lo habló por encimita, el inglés también. Nunca la obligaron a hacer lo que no quería. Para ella no hubo disciplina, sólo pasteles. Nadie le puso el alto a la cantidad de maldades que se le ocurrían. Aprendió muy pronto a obligar a todas las miradas a converger en ella, a todos los oídos a escuchar hasta el más nimio de sus propósitos o de sus despropósitos. Carito, su hermana mayor, la comparaba a un pequeño Júpiter tonante. Con los años aprendió a injuriar a quienes se le acercaban y al final de su vida no quería que la tocara nadie. "¿Cómo se atreve a darme la mano si está lleno de microbios?" Le enfermaba que alguien tuviera la osadía de invadir su espacio vital y se lavaba las manos cuarenta y siete veces al día.

Dueño de la mitad del estado de Morelos, su padre, Emmanuel Amor Subervielle, perdió la Hacienda de San Gabriel, uno de los más importantes ingenios azucareros del estado de Morelos. También era propietario de los ranchos de San Ignacio Actopan y de la estancia de Michapa, que ocupaban treinta y seis mil hectáreas en el estado de Querétaro y se extendían hasta el lago de Tequesquitengo. El padre soñaba con introducir obras de riego del río Amacuzac, en aras del progreso de la hacienda, pero todo fue un sueño. Como todas las familias porfiristas, los Amor Schmidtlein se vieron obligados a abandonar sus haciendas, perseguidos por la Revolución, para llegar a la ciudad de México a principios de siglo sin olvidar jamás su pasado aristocrático, aunque muy pronto vinieron a menos. Carito Amor, la más consciente, trabajó en Bellas Artes con Carlos Chávez en un puesto que habría de heredar Antonieta Rivas Mercado.

En su libro sobre Zapata, John Womack consigna que Emmanuel Amor era el que mejor trataba a sus peones entre todos los hacendados. Jamás aceptó una indemnización del gobierno por la pérdida de sus propiedades; hasta el día de su muerte, en 1923, tuvo la esperanza de recuperarlas, y si alguna tierra le quedó, se la expropió la Reforma Agraria cardenista. Quién sabe si recorrería a caballo las treinta y seis mil hectáreas de tierra que eran su dominio.

Emmanuel Amor contaba con una buena biblioteca y en ella se reunían sus amigos y por ella Pita pudo acceder a una educación literaria no formal, pero definitiva. "Leí los libros que estuvieron al alcance de mi mano: Góngora, Lope de Vega, Sor Juana Inés de la Cruz, Rubén Darío, Bécquer, Manuel José Othón, Juan Ramón Jiménez, Juan de Dios Peza, los rusos Tolstoi y Dostoievski y los franceses Balzac y Stendhal. Leí hasta *Don Juan Tenorio*. Pienso que más que la esencia de toda esa poesía, lo que quedaba en mí era su ritmo. Tal vez fue esto lo que creó en mí el sentido de la medida y del oído poético."

De las haciendas, Emmanuel Amor trajo pinturas coloniales y muebles de marquetería poblana y caoba brasileña, consolas Luis XIV, tibores y alfombras persas, así como una recua de peones convertidos en criados de ciudad, esclavos civiles.

A Emmanuel Amor lo sacaban a tomar el sol en un balcón de la calle de Abraham González con una *plaid* escocesa sobre las rodillas. Así lo recuerda Pita: "viejito y muy inglés".

Ni su padre ni su madre tuvieron fuerza para controlarla y la dejaron libre como sus palabras. Nunca entendieron por qué al final de su vida habían dado a luz un ciclón, un meteoro, cuando sus demás hijos eran planetas fijos y estables. Todo el vecindario creía que Abraham González escondía a una dragona. A treinta metros a la redonda, Pita era el centro de atención. A voz en cuello creía cantar: "Y todo a media luz, que es un brujo el amor, a media luz los besos, a media luz los dos", y su mamá le aconsejaba guardar silencio: "¡Cállate Pitusa!", para no gastar su voz privilegiada que nadie sabía apreciar.

En la noche, después de la cena, la familia acostumbraba leer y recitar, y seguramente esta poesía en voz alta influyó en ella en forma definitiva. Otras hermanas suyas, Mimí y Elena, también recitaban pero nunca se atrevieron a lanzarse al ruedo. Inés Amor, directora de la Galería de Arte Mexicano, dijo de Pita en 1953:

"Dentro del universo, Pita es como un astro. Desconozco el sol en cuya órbita gira, pero puedo decir que tiene una vida propia y peculiar, aunque en algunos aspectos sus fuerzas elementales se parecen a las de nuestro planeta: vientos huracanados, fuego intenso, tempestades y polvo. De vez en cuando (y ojalá sea más y más frecuente) tranquila belleza. Para descubrir a Pita haría falta el valor temerario de un piloto interplanetario o la sabia paciencia de un astrónomo... Tengo la ilusión de ser algún día admitida, como estudiante, en el Observatorio de Santa María Tonantzintla."

Desde muy pequeña, Pita fue la consentida, la muñeca, la de las exigencias y rabietas, la de los terrores nocturnos. Era una criatura tan linda que Carmen Amor estrenó su cámara fotográfica con ella y le sacó muchas fotografías desnuda. Y ella se encantaba contemplándose a sí misma. Posiblemente allí se encuentre el origen de su narcisismo. De su niñez ella misma habla en su novela *Yo soy mi casa*, título también de su primer libro de poesía. Si era una niña preciosa, fue una adolescente realmente bella. Llamaban la atención tanto sus desplantes como sus grandes ojos abiertos, su voz profunda y su cabello rubio rojizo y largo.

Desde muy joven, Pita pudo participar en la vida artística de México gracias a su hermana Carito, colaboradora de Carlos Chávez y fundadora de la Galería de Arte Mexicano que más tarde habría de dirigir su hermana Inés. A esta galería, acondicionada en el sótano de la casa de los Amor, llegaron Orozco, Rivera, Siqueiros, Julio Castellanos, y la joven Pita se hizo amiga de Juan Soriano, Roberto Montenegro, Antonio Peláez, y todos la pintaron, incluyendo Diego Rivera, que la desnudó para gran escándalo de su familia y de los "trescientos y algunos más". Imperiosa, ella se lo exigía a gritos y ellos, azorados, hacían su santa voluntad.

A Pita siempre le costó adaptarse al mundo, siempre fue la voz que se aísla en la unidad del coro, en el seno familiar, entre sus cinco hermanas y su hermano Chepe, en el Colegio de las Damas del Sagrado Corazón, en Monterrey, que no aguantó y en donde no la aguantaron. La madre superiora le indicó que se hincara al momento de la oración y Pita fingió no oír. "Ella se acercó y tomándome por un hombro trató de forzarme a obedecer. Una bestiecilla embravecida es mansa comparada conmigo en ese instante: ciega de rabia le di un golpe en la cara y su dentadura postiza voló junto con el rosario que llevaba en la mano quedando ambos entre las patas de una papelera cercana."

*Amar a otro, eso sí que no*

Pita nunca pudo salirse de sí misma para amar realmente a otro; la única entrega que pudo consumar fue la entrega a sí misma. Demasiado enamorada de su persona, los demás le interesaron sólo en la medida en que la reflejaban: no fueron sino una gratificación narcisista.

Resulta contradictorio pensar que esta mujer que no cejaba en su afán de escándalo y salía desnuda a media noche al Paseo de la Reforma, bajo su abrigo de mink, a anunciarle al río de automóviles: "Yo soy la Reina de la Noche", regresara en la madrugada a su departamento de la calle de río Duero y en la soledad del lecho escribiera sobre la bolsa del pan y con el lápiz de las cejas:

Ventana de un cuarto, abierta...
¡Cuánto aire por ella entraba!
Y yo que en el cuarto estaba,
a pesar que aire tenía,
de asfixia casi moría;
que este aire no me bastaba,
porque en mi mente llevaba
la congoja y la aflicción
de saber que me faltaba
la ventana en mi razón.

Pita Amor fue de escándalo en escándalo sin la menor compasión por sí misma. En un programa de televisión, cuajada de joyas, dos anillos en cada dedo, y sobre todo con un escote que hizo protestar a la Liga de la Decencia, que afirmaba que no se podía recitar a San Juan de la Cruz con los pechos de fuera, se puso a decir décimas soberbias. Sus *Décimas a Dios* fueron el delirio.

*Pita* dixit

"Grandes letreros luminosos con mi nombre anunciaban mis libros y mi bella cara se difundió hasta en tarjetas postales populares. Acaparaba yo la atención de México. La acaparaba en estridente Do mayor, lo opuesto de como ahora la acaparo: en Do menor.

"Frente al éxito a mí me preocuparon más mi belleza y mis turbulentos conflictos amorosos.

"No acepto, ni he aceptado, ni aceptaré el escepticismo, postura inválida e impotente. Me desespera la juventud actual. No tolero a los jóvenes. Me son imposibles, abominables.

"Porque yo que he sido joven, soy joven porque tengo la edad que quiero tener. Soy bonita cuando quiero y fea cuando debo. Soy joven cuando quiero y vieja cuando debo. Yo, que he sido la mujer más mundana y más frívola del mundo, no creo en el tiempo que marca el reloj ni el calendario. Creo en el tiempo de mis glándulas y de mis arterias. La angustia hace mucho que la abolí. La abolí por haberla consumido."

Temible, incontenible, impredecible, Pita Amor ha afirmado, con un rictus de desdén:

"De lo mío, de lo que yo he escrito lo que más me gusta es mi epitafio:

> Mi cuarto es de cuatro metros,
> mide mi cuerpo uno y medio.
> La caja que se me espera
> será la suma del tedio.

*Pita fue satanizada como Nahui Olin, Nellie Campobello y Elena Garro*

Pita Amor fue una de las figuras más ruidosas de los cuarenta y los cincuenta. Durante veinte años, desde la salida de su primer libro en 1946, atrajo la atención de un público cada vez más numeroso. Junto con Diego Rivera, Rufino Tamayo, Frida Kahlo, Carlos Pellicer, María Izquierdo, María Félix, Edmundo O'Gorman, Justino Fernández, Lupe Marín, Cordelia Urueta, Xavier Villaurrutia, el Dr. Atl, Salvador Novo, Ignacio Asúnsolo, José Vasconcelos, Archibaldo Burns, Nahui Olin, Amalia Hernández, Juan Soriano, Diego de Mesa y muchísimos monstruos sagrados más, formaban una especie de "infame turba" que hacía y deshacía a su antojo.

Imposible olvidar las fiestas de Pita Amor en su casa de Duero, que fue decorando de acuerdo con sus libros. Cuando escribió *Polvo*, tiznó muros y techo, todo en su casa se volvió gris: gris la alfombra, grises las cortinas, gris el satín con el que forró sus sillones, grises los manteles. Cuando apareció *Otro libro de amor*, grandes cretonas floreadas y chintz de colores a la *House & Garden* cubrieron sala y recámara; la casa se llenó de ramajes, la alfombra se convirtió en pasto verde y siempre había agua en los floreros. Con *Décimas a Dios,* la casa de Pita adquirió un aspecto sobrio, levemente angustiado; surgieron los cirios, los candelabros coloniales que alumbraban en la penumbra los grandes retratos de Pita: el de Roberto Montenegro, los dos o tres de Diego Rivera (una hermosa carita redonda), el de Gustavo Montoya, el de Cordelia Urueta, el de Juan Soriano, el atrevidísimo desnudo de Raúl Anguiano que la muestra sentada con las piernas abiertas, el precioso dibujo a lápiz de Antonio Peláez, el de Enrique Asúnsolo.

Un torbellino la hacía salir y beber noche tras noche al Sans Souci, al Waikiki, al Ambassadeurs, al Salón de los Candiles del Hotel del Prado. Pita era el centro de todas las reuniones, tomaba decisiones temerarias: "Vamos a quemar la biblioteca del pulcro José Luis Martínez". Divertía a todos con sus ocurrencias y su atrevimiento. También era solidaria con sus amigos. Una noche que Fernando Benítez se dio cuenta que no tenía con qué pagar la cuenta del Ciro's les dijo a sus cuates del alma y de parranda, Pepe Iturriaga, Hugo Margáin y Guillermo Haro: "No se preocupen, ahora mismo voy a llamarle a Pita". "Pero Fernando ¡son las cinco de la mañana!" Pita llegó con su desnudez y su ineludible abrigo de mink y pagó dejando una espléndida propina.

Pita entonces declaró:

"Yo soy un ser desconcertado y desconcertante; estoy llena de vanidad, de amor a mí misma, y de estériles e ingenuas ambiciones. He vivido mucho, pero he cavilado más, y después de tomar mil posturas distintas, he llegado a la conclusión de que mi inquietud máxima es Dios."

*Leyenda desde 1953*

Esto era en 1953, pero ya para entonces Pita era una leyenda de inesperados contrastes y emociones. Todo el mundo comentaba sus desplantes, sus "Ya llegué, cabrones", sus desnudos, sus escotes. Se ponía de pie al lado de María Félix y alardeaba: "¿Verdad que soy más bonita?" Bailaba con mucha gracia. Hacía reír y todos andaban tras de sus arañazos. En una película se vistió de gatito con orejas y cola puntiaguda. Seductora, sus admiradores, que eran legión, le aplaudieron lo mismo que cuando apareció con sombrero cordobés, vestida de corto, toda de negro y, dramática, entonó dizque cante jondo español y zapateó sobre corazones masculinos y femeninos. Sin embargo su carrera cinematográfica fue de corto aliento, decidió que el cine no era digno de ella. "Eso es para las criadas. No tengo por qué obedecerle a nadie."

*El escándalo como modo de vida*

Ni a sus padres obedeció. Al contrario, hizo sufrir a su madre porque entraba a la iglesia de La Votiva y gritaba a voz en cuello a la hora de la elevación: "¡Tuve un aborto!"

El escándalo y la celebridad van del brazo. Pita llamó mucho más la atención que sus dos hermanas mayores, que sin embargo hicieron obras tal vez más valiosas: Carito fundó la Prensa Médica Mexicana e Inés dirigió la Galería de Arte Mexicano. Ambas huían de las candilejas. Pita en cambio se desnudaba en público. Caminó siempre en el filo de la navaja. Su familia la contemplaba con verdadero espanto. ¿Estaría loca?

Otras mujeres, mayores que ella, ya habían sido satanizadas: Nahui Olin, la del doctor Atl, que también tenía afición por la desnudez y con los pechos al aire abría la puerta de su casa en la azotea del Convento de la Merced; Nellie Campobello siempre de la mano de su hermana Gloriecita, y Tina Modotti, quien posó desnuda para las fotografías de Edward Weston. Hoy la desnudez no causa el mismo impacto. Jesusa Rodríguez se ha encuerado en varias obras como si el mundo fuera su regadera y los únicos que ponen el grito en el cielo son los tarados de Pro Vida.

En medio de fandangos, pachangas e idas al cabaret de la época, el Leda, donde Lupe Marín y Juan Soriano bailaban sin zapatos y hacían un espectáculo celebrado por los Contemporáneos y por José Luis Martínez; en medio de sus domingos en los toros, su asistencia a fiestas y a cocteles, Pita Amor produjo de golpe y porrazo y ante el azoro general su primer libro de poesía: *Yo soy mi casa,* publicado a iniciativa de Manolo Altolaguirre. El libro causó sensación. Inmediatamente Alfonso Reyes, que era un poco coscolino, la apadrinó: "Y nada de comparaciones odiosas, aquí se trata de un caso mitológico".

## Pita Amor, la provocadora

Una noche en que Pita andaba sonándose, medio alicaída y con una caja de kleenex bajo el brazo, comentó: "Siempre tengo gripa. Será porque la pesqué desde aquellas sesiones en el estudio tan frío de Diego". Ese desnudo causó escándalo. El presidente Miguel Alemán, al inaugurar la exposición retrospectiva de Diego Rivera en Bellas Artes, se quedó frío al verlo. Pita, de pie al lado del cuadro en su abrigo de pieles, sin más se lanzó a explicarle a grandes voces que era un retrato de su alma: "¡Ah pues qué alma tan rosita tiene usted!", comentó.

Diego Rivera pintó a Pita de cuerpo entero, desnuda a la mitad del mundo, como también retrató a María Félix bajo una inexistente transparencia y a Silvia Pinal enfundada en un vestido tipo María Victoria, que la encuera más que la desnudez misma; pero como todo lo que hacía Pita era una provocación, los que acudieron a Bellas Artes pusieron el grito en el cielo frente al gigantesco (y feo) retrato de cuerpo entero de Pita, con los ojos en blanco iguales a los de Diego Rivera, su chino en la frente, sus pies desnudos parados en el polvo del globo terráqueo y una varita mágica que aclaraba para que no cupiera la menor duda: "Yo soy la poetisa Pita Amor".

En el mismo año de 1949 en que se publica *Polvo,* Diego quiso rendirle un homenaje a ese libro. Si el desnudo les produjo un paro cardiaco a las familias Amor y Escandón y Subervielle y Rincón Gallardo, más alboroto se armó cuando Justino Fernández descubrió que Pita había escrito, provocativamente, en la parte trasera del lienzo: "A las siete y veinte de la tarde del veintinueve de julio de 1949 terminamos este retrato, al que Diego y yo nos entregamos, sin límite de ninguna especie".

*Hermanos de sangre, los Amor*

En 1954, en una fiesta en su departamento de la calle de Duero, me conminó en voz muy alta: "No te compares con tu tía de sangre! ¡No te compares con tu tía de fuego! ¡No te atrevas a aparecerte junto a mí, junto a mis vientos huracanados, mis tempestades, mis ríos de lava! ¡Yo soy el sol, muchachita, apenas te aproximes te carbonizarán mis rayos! ¡Soy un volcán!"

Al día siguiente, a la una de la tarde, sonó el teléfono. Era Pita como la fresca mañana: "¿Eres feliz, corazón?"

Le dije que sí, que mucho. Entonces me preguntó que dónde podría conseguir unos zapatos de charol con un moño en forma de mariposa para salir a pisar la tarde antes de que a ella le dieran siete pisotones.

Pita me prohibió usar mi apellido materno: Amor. "Tú eres una pinche periodista, yo una diosa."

Mi madre y Pita son primas hermanas, hijas de dos hermanos: Emmanuel, padre de Pita, y Pablo, padre de mamá. Cuando me inicié como periodista en *Excélsior* recibí una voluminosa carta sobre el origen de mi familia materna. El autor me llamaba degenerada y profetizaba un pronto encierro en el Fray Bernardino porque, según él, en una fiesta de disfraces a mediados del siglo pasado dos jóvenes se conocieron y enamorados a primera vista bajaron al sótano a hacer el amor. Una vez cometido el delito se quitaron las máscaras y exclamaron: "¡Primo!" "¡Prima!" Desconcertados, emprendieron el viaje a la Santa Sede y pidieron audiencia con el Papa. Después de escuchar su historia, el Papa los perdonó con la condición de que llevaran el apellido Amor. Según Carito Amor, la historia real es que una Escandón que no había tenido hijos se embarazó apenas regresó su hermano de Stonyhurst y, cuando nació el niño, las malas lenguas propagaron que era hijo del incesto. Lo cierto es que este mito de la sangre adelgazada por la promiscuidad ha dado a luz a una estirpe singular de la que Pita es la primera leyenda.

*Un poco de percal almidonado*

Alguna vez le pregunté si se consideraba extravagante y me respondió airada:

"–¿Extravagante yo? ¿De dónde sacas, mocosa insolente, que yo soy extravagante? ¿Quién te lo dijo?

"–Mis tías me han dicho que eres extravagante y frívola.

"–Mira, yo todo lo hago por contraste y sobre todo por no parecerme a ellas, que son unas burguesas llenas de titubeos y resquemores. Frívola no soy. Me interesa mucho hablar de los temas inquietantes que colman el espíritu del hombre y lo hago decorada y vestida como si fuese una de tantas mujeres a las que no les interesa más que su superficie. A diferencia de mis cinco hermanas que discurren acerca de hijos, maridos y recetas de cocina, me pongo a hablar de Dios, de la angustia, de la muerte. Me cuido y me esmero para que mis vestidos suplan toda decoración posible en mi programa de televisión. Te diré además que yo no estoy lujosamente ataviada. Esto es un engaño, ya que al fin y al cabo en la televisión todo es engaño. Muchas veces, al día siguiente del programa, recibo alguna llamada telefónica de un admirador: 'te veías despampanante con ese vestido de brocado italiano', y mi vestido no es más que un poco de percal almidonado, confeccionado en tal forma que sólo la televisión y la seguridad infalible con que me lo pongo, hacen que parezca lujoso, ¿entiendes?"

*Mis alhajas son un espejismo*

"–¿Y tus alhajas? ¿Esas manos cuajadas de anillos?

"–Esas sortijas pertenecen al espejismo, igual que mis ojos y mis dientes…

"–Serán espejismo pero pesan más que la bola de hierro de los presidiarios.

"–¡Cállate, insolente!

"–Tía, son una pesadilla."

Pita las guardaba debajo de su cama en unos huacales de mercado forrados de papel estraza. Cuando algún visitante de mucha confianza quería verlas, sacaba a manos llenas una infame quincalla con la que podría llenarse un furgón de ferrocarril.

"–¿A poco son buenas, tía?

"–Claro que son buenas, las del diario me las compro en Sanborns, las otras valen muchos millones."

En 1958, cuando Guadalupe Amor publicó su libro de poemas *Sirviéndole a Dios de hoguera*, Alfonso Reyes afirmó que era el mejor de cuantos había escrito hasta entonces. Don Alfonso le dijo a la propia Pita que "había agarrado el núcleo de la poesía". Pita estaba en uno de sus buenos momentos, tanto en lo creativo como en lo emocional. Sin embargo, corría el rumor de que ella no era la autora sino don Alfonso, que la enamoraba. Entonces Pita escribió un soneto "que parodié de Lope de Vega cuando los envidiosos y los imbéciles decían que no era posible que yo escribiera mi poesía y que me la hacía Alfonso Reyes":

Como dicen que soy una ignorante,
todo el mundo comenta sin respeto
que sin duda ha de haber algún sujeto
que pone mi pensar en consonante.

Debe de ser un tipo desbordante,
ya que todo produce hasta el soneto
por eso con mis libros lanzo un reto:
burla burlando van trece adelante.

Yo sólo pido que él siga cantando
para mi fama y personal provecho,
en tanto que yo vivo disfrutando
de su talento sin ningún derecho,

y ojalá y no se canse sino cuando
toda una biblioteca me haya hecho.

A propósito de *Sirviéndole a Dios de hoguera* explicó:
"–Creo que estas coplas son menos religiosas que las
*Décimas a Dios* y más optimistas. He cavado más profundo.
*Sirviéndole a Dios de hoguera* es mucho más universal que mis
libros anteriores. Con toda premeditación y ventaja, hice 110
coplas con una gran pobreza de palabras. ¡Fíjate tan sólo tengo cuatro o cinco palabras esenciales: Dios, eternidad, sangre, universo, astros!

"–¿Y no es eso un defecto? ¿No deberías tener más vocabu-
lario?

"–¡Qué ignorante eres! Realmente me conmueve mucho
que en un país tan inculto y tan ignorante como México, mi
obra pueda llegar a las grandes masas. ¡No sabes la cantidad
de cartas que recibo y las muchas personas que quieren visi-
tarme!"

*Octavio Paz no me llega ni a los talones*

"Acabo de grabar un disco con la RCA Víctor sobre la poesía
del siglo XV hasta los poetas modernos. El tema es el amor.
Escogí dos romances del siglo XV y XVI, Quevedo, Lope de
Vega, Sor Juana, Neruda, García Lorca, Alfonso Reyes,
Salvador Novo, Xavier Villaurrutia, Octavio Paz y yo, natural-
mente, aunque me considero muy superior a Octavio Paz.
Aunque él se tome tan en serio, no me llega ni a los talones.
En realidad incluirlo es una condescendencia."

A su vez, cuando le pidieron a Paz un juicio sobre Pita, se
puso de mal humor: "De Guadalupe Amor no quiero dar una
opinión", respondió. Definitivamente Pita la traía contra Paz
y le hizo una copla:

Para bailar bulerías,
Para bailar bulerías,

Tienes los pies muy chiquitos,
Tienes los pies muy chiquitos...

José Emilio Pacheco honró a Pita con una adivinanza:
"¿Quién es la que ardió en su llama, hizo su vida poesía, bajó
a la región sombría, lleva en su nombre a quien ama?"

*Los crímenes de Pita Amor*

En 1946 cuando falleció su madre, doña Carolina Schmidtlein
de Amor, Pita, obsesiva, se sintió responsable de su muerte:

Mi madre me dio la vida
y yo a mi madre maté.
De penas la aniquilé.
Mi madre ya está dormida.
Yo estoy viva dividida,
mi crimen sola lo sé
llevo su muerte escondida
en mi memoria remota.

¡Ay qué sanguinaria nota!
¡Ay qué morado tormento!
¡Ay qué crimen en aumento!
¡Ay qué recuerdo tan largo!
¡Qué recuerdo tan amargo!

Al morir su madre, Pita gastó toda su herencia, absolutamente toda, en vestidos y maquillajes, corpiños y fruslerías.
Otros acostumbran invertir en bienes raíces lo que ella des-
pilfarró en una ristra de medias y perfumes. Empezó a ator-
mentarse, como consta en *Mis crímenes*. Declaró que la había
matado como más tarde escribiría que mató a su hijo Manuelito. Sin embargo, su sentimiento de culpabilidad no im-
pidió que su vida siguiera siendo un torbellino.

Muy joven Pita, conoció a José Madrazo, de sesenta años y
dueño de la ganadería de toros de La Punta, que la cautivó.

Tenían una relación muy libre y abierta, y fue quizá el único hombre a quien Pita quiso realmente. A pesar de la oposición de sus familiares, Pepe Madrazo se convirtió en un espléndido y desinteresado mecenas. Pita conservó durante muchos años su relación pero continuó también con los excesos de su temperamento, no hubo quien le pusiera el alto a sus hábitos festivos: le gustaba provocar, no tenía límites en sus hazañas, su carácter altivo y desvergonzado arrasaba con todo.

Acompañaba a Pepe Madrazo a los toros y varios toreros se enamoraron de ella. Si le preguntaban cuántos hombres la habían enamorado decía: "Mira, toreros, cinco; escritores, seis; banqueros, siete; aristócratas, tres; pintores, cuatro; médicos, ocho", y seguía pícara contándolos por decenas con los dedos de sus manos enjoyadas.

*Un primer hijo a los treinta y ocho años*

Después de doce años de cultivar su airada pluma, después de los halagos de sus amigos y de la fidelidad de un público tumultuoso, después del homenaje de sus fans, a quienes ella consideraba "irredentos", adjetivo que le era caro, después de disfrutar de una vida social desenfadada, Pita Amor decide tener un hijo a los treinta y ocho años. Cuando se lo comunica, Pepe Madrazo le retira su pensión y no la vuelve a ver. Impaciente, Pita se instala en la clínica con mucha anticipación y su embarazo le produce una profunda crisis nerviosa, lo mismo que la cesárea. Pita no soporta la idea de haber sido operada; siente que han profanado su cuerpo: "estoy perforada, agujereada". De la maternidad, la llevan a su departamento en la calle de Duero. Al primer llanto del recién nacido, Pita sabe a ciencia cierta que va a ser incapaz de cuidar al niño, Manuelito, y su hermana mayor Carito se hace cargo de él. Mimí recibe a Pita en su casa de Tizapán y, para borrar todo rastro de su pasado, Pita quema sus pertenencias y vende sus desnudos. Un año y siete meses después, el pequeño Manuel muere ahogado en San Jerónimo en casa de Carito y Raoul Fournier, al caer en la mañana en una pileta de agua.

Maté yo a mi hijo, bien mío,
lo maté al darle la vida.

Si el gran dolor es para la hermana mayor que cuidó al
bebé como a un hijo, a partir de ese momento Pita se va para
abajo y su camino descendente espanta casi tanto como su
vertiginoso ascenso anterior. Vive sola, no quiere ver a nadie,
nadie puede consolarla y repite una y otra vez: "A esta edad,
a esta edad", refiriéndose al año y medio de vida de su hijo.

¿Por qué estoy sola llorando?
¿Por qué estoy sola viviendo?
¿Por qué, pensando y rondando,
mi sangre voy consumiendo?

¿Qué no se oyen mis lamentos?
¿Qué no se oyen mis clamores?
¿Qué no, mis contentamientos,
tienen sabor a dolores?

Cuando nada me rodea,
pero todo me obsesiona,
cuando la dicha me crea,
pero el dolor me aprisiona.

¿No es de justicia un camino
aunque deba ser fatal?
¿No es menester que el destino
me liberte de este mal?

*Jamás volvió a hablar de su vida personal*

De un día para otro, Pita se retiró del mundanal ruido. Escogió el aislamiento. Lejos de las candilejas, no volvió a aceptar
un solo programa de televisión, que nadie la abordara en la
calle, que nadie supiera de ella. Descuidó su aspecto físico,
tiró a la basura pestañas y coloretes, el peine y el cepillo le

53

dejaron de servir. Sus grandes ojos se opacaron. Finalmente, en 1972, después de diez años, aceptó dar un recital en el Ateneo Español y recitó poesía mexicana, desde Sor Juana hasta Pita, pasando por Díaz Mirón, Manuel José Othón, Manuel González Montesinos, Alfonso Reyes, Enrique González Martínez, Renato Leduc, Xavier Villaurrutia, Ramón López Velarde, Roberto Cabral del Hoyo, y tuvo un éxito enorme. No cabía una persona más en el Ateneo. Cuando terminó su último poema, duró quince minutos la ovación. La sala entera se puso de pie para vitorearla. "¡Pita! ¡Pita! ¡Pita!" Algunos se limpiaban las lágrimas, lanzaban bravos para después acercarse a decirle que en muchos años nada les había conmovido más. Muchos jóvenes asistieron a su aparición pública, entre ellos su sobrino, el niño Roberto Sepúlveda Amor por quien ella sentía predilección y a quien empezó a visitar continuamente porque le recordaba a Manuelito, su hijo.

## Zabludowsky es monísimo

Le concedió una entrevista a Jacobo Zabludowsky para la televisión, "porque es muy mono, monísimo". Zabludowsky la admiraba y siempre la ayudó porque además de gustarle su poesía, Pita fue la primera mujer que se impuso en el set y a Jacobo le cayó en gracia que mangoneara a todos. Pita era su propio *floor manager*, dirigía las cámaras, ordenaba las luces, insultaba al *staff* y si no le obedecían los agarraba a patadas con su piecito de alfiletero, injuriaba con su boquita de carretonero, hacía y deshacía a su antojo sin que trabajador alguno se atreviera a protestar. Su insulto más socorrido era: "¡Indio!" Más impositiva que María Félix, más mala, todos la obedecían estupefactos. Por eso a Zabludowsky le parecía una diosa intemporal, rugiente e inmarcesible, y se preguntaba cómo era posible que con esa vida disoluta pudiera Pita producir una obra tan hondamente angustiada.

"Nada de decorado. Yo soy el decorado. Yo soy lo único que existe", y Pita hablaba sola, sobre un escenario vacío, su voz fuerte, profunda, bien modulada, dominándolo todo, como Napoleón desde su metro y medio de estatura.

Su programa alcanzó un éxito increíble, el más alto de los *ratings*. Además de la poesía, sus dardos punzantes atravesaban la pantalla.

Volvió a dar recitales en que la ovación duraba más que una vuelta al ruedo. Juraba y perjuraba que era superior a Sor Juana "porque ella está muerta y yo estoy viva"; muertos también los protectores que le granjearon su belleza, su talento y su desparpajo como Alfonso Reyes, Manuel González Montesinos y Enrique Asúnsolo, no le quedó más que el autoelogio y decretar: "Yo soy la diosa". Muchos le creyeron.

Nunca más volvió a hablar de su pasado. Si concedía una entrevista solía decirle al reportero: "No tolero la estupidez. Si me va a preguntar sobre mi vida, mejor váyase".

Humillaba a quienes pretendían franquear la barrera.

Si estaba de buen humor respondía a puro golpe de verso, desde Quevedo hasta Elías Nandino.

Al final de sus días, la reacción de los espectadores ante su extraordinaria megalomanía fue siempre de risa. Frente a ella solía imperar el miedo. Desconcertaban su extravagancia y su claridad lacerante, pero no era difícil descubrir en Pita Amor la imagen viva de los estragos que provoca la falta de autocrítica.

Al final, lo que pareciera un exceso de autoestima se convirtió en una egolatría desorbitada. En la Zona Rosa, entre las calles de Génova y de Amberes, Pita fue rescatada en varias ocasiones por Pedro Friedeberg y Wanda Sevilla, que la protegían. También la galería de Antonio Souza le dio albergue en el momento más crítico. Juan Soriano cuenta que, cuando iba a su estudio de Melchor Ocampo a buscarlo, Pita pasaba por una peluquería y los barberos gritaban: "¡Pita Amor!", "¡Pita Amor!", y les respondía: "¡No me hablen, no se atrevan a dirigirme la palabra. Ustedes son criados, hijos de criados y van a morir criados!" Salir con ella era peligroso. Nunca podía saberse cómo iba a reaccionar. Michael Schuessler, autor de *La undécima musa*, cuenta que a un taxista que se atrevió a cobrarle la dejada, Pita le espetó: "Es usted positivamente odioso, indio rabón, inmundo, hijo de criada". "Ay seño –replicó el taxista–, ya no estamos en tiempos de la Conquista." "Menos mal", respondió Pita tajantemente, "porque si estuviéramos ya te habrían matado por indio."

## Navidad piteña

Año tras año solíamos celebrar la Navidad en casa de Carito Amor y Raoul Fournier en San Jerónimo, y Pita llegaba con dos o tres bolsas de plástico de la Comercial Mexicana e iba repartiendo sus regalos: una pasta de dientes, un jabón, una crema de afeitar, una caja de kotex (de seis, pequeña), que resultaban sumamente originales al lado de las tradicionales corbatas, marcos de pewter y ceniceros de vidrio. Al rato ya no hubo ni navajas de afeitar ni kleenex, sino unos dibujos hechos en cartulinas del tamaño de una baraja que ponía en nuestras manos como los sordomudos lo hacen en los cafés de banqueta.

## Bastante hago con ser genial

Pita nunca trabajó. "¿Qué te pasa? Trabajar es de criadas" protestaba. Alguna vez se lo sugerí y me respondió: "¡Óyeme, escuincla, bastante hago con ser genial!" Para sobrevivir, vendió la mayoría de sus cuadros a Lola Olmedo. "Una gángster, una bandida, asaltante de camino real." En la Zona Rosa le dio por vender a veinte y a cincuenta pesos esas pequeñas cartulinas con una cara garigoleada (la suya), la mayoría francamente graciosas. La invitaban a cenar en algunos restaurantes del rumbo, pero su forma altanera de ser y su soberbia la volvían temible. Su tormenta de insultos, sus rayos centelleando dentro de los ojos, su voz de trueno estrepitoso, sus cachetadas-sonetos, sus amenazas-décimas y sus bastonazos-literales la convirtieron en el azote de meseros y parroquianos. "¡Córranle, vámonos que ahí viene Pita!" Se esfumaron enamorados y amigos. Con una rosa en la cabeza y su bastón en la mano, Pita era sin embargo parte de la Zona Rosa, un personaje único que todos buscaban en el primer momento para huir después de haberla tratado. Daisy Ascher escapó de su lluvia de bastonazos y se vengó más tarde retratándola sentada en medio de su cama. Pita se enojó con Jesusa Rodríguez cuando comenzó a imitarla en El Hábito. Asidua al bar, donde ocupaba un sofá completo y se apoderaba del baño durante horas, no regresó jamás después de un sketch que consideró una afrenta a su estatura mitológica. Otra gran imitadora de Pita es Myriam Moscona.

Lo cierto es que Pita Amor era capaz de agotarle la paciencia al mismísimo Job: Beatriz Sheridan, Susana Alexander que le montó todo un espectáculo, Jesusa y Liliana quienes le brindaron no sólo *drinks* que iban desde *whisky on the rocks* hasta medias de seda, sino su amistad. Martha Chapa hizo de ella dos excelentes dibujos y la alimentó durante meses, pero optó por apartarse de ella en algún momento para poder descansar, tomar fuerzas y volver a enfrentarla. Por toda recompensa a sus esfuerzos, Pita le comunicó a Martha Chapa una gran verdad: "Jamás lograrás el nivel de Frida Kahlo con las estúpidas manzanas que pintas". Carlos Saaib, dueño de varios departamentos en el Edificio Vizcaya, sostuvo con ella una amistad de veinte años, le brindó su casa y acudió a todos sus "¡Carlooos!", en ese legendario edificio de la calle de Bucareli que hospedó a Luis G. Basurto y a Ricardo Montalbán. Un día no pudo más y les devolvió a la Undécima Musa a Mariana y a Juan Pérez Amor, que se hicieron cargo de ella hasta el fin de sus días. Patricia Reyes Spíndola, mujer fina, generosa y solidaria si las hay, dio muestras de una lealtad a toda prueba y amó profundamente a Pita.

A veces, Pita era capaz de verse a sí misma con una extraordinaria lucidez: "Entre las deficiencias de mi personalidad existe mi ocio. Desde muy niña rondé de allá para acá sin lograr disciplinarme ni en estudios ni en juegos, ni en conversaciones. De mi ocio brotaron mis primeros versos y es en mi ocio maduro donde he ido engendrando el acomodo de mis palabras escritas".

Polvo ¿por qué me persigues
como si fuera tu presa?
Tu extraño influjo no cesa,
y hacerme tuya consigues;
pero por más que castigues
hoy mi humillada figura,
mañana en la sepultura
te has de ir mezclando conmigo.
Ya no serás mi enemigo...
¡Compartirás mi tortura!

Pita es importante para las generaciones venideras porque
rompió esquemas al igual que otras mujeres de su época cata-
logadas de locas y "a la eternidad ya sentenciadas" como lo
dijo Pita en su poema "Letanía de mis defectos" (1987). "Soy
perversa, malvada, vengativa. / Es prestada mi sangre y fugiti-
va. / Mis pensamientos son muy taciturnos. / Mis sueños de
pecado son nocturnos. / Soy histérica, loca, desquiciada, /
pero a la eternidad ya sentenciada."
Los casos de Nahui Olin y de Pita Amor son emblemáticos.
El rechazo y la censura las volvieron cada vez más contestata-
rias y las dos hicieron del reto y de la provocación su forma
de vida.
Michael Schuessler, biógrafo de Pita, recogió uno de sus
múltiples epitafios, ya que pensando en su propia muerte,
hizo varios:

Es tan grande la ovación
que da el mundo a mi memoria,
que si cantando victoria
me alzase en la tumba fría,
en la tumba me hundiría
bajo el peso de mi gloria.

# Nahui Olin: la que hizo olas

■

Adriana Malvido toma la foto entre sus jóvenes y delgadas manos. La mira. ¿Qué tienen esos ojos? La atrapan. Adriana vuelve a mirar. Los ojos se apoderan de ella, diabólicos, igual que años atrás le ocurrió a Tomás Zurián y antes todavía al Dr. Atl, a Diego Rivera, a Carlos Chávez, a Edward Weston, a Raoul Fournier, a Antonio Garduño, a Matías Santoyo, a Eugenio Agacino, el capitán de navío, y ¿por qué no?, a Manuel Rodríguez Lozano. Entre todos, sin embargo, el general Manuel Mondragón fue el primero; a él, antes que a nadie, sedujo el resplandor de ese par de soles, de incendios, de infiernos. Esa niña impredecible, de bucles rubios, berrinches y pataletas, esa criatura suya, encarnación de Luzbel, el ángel caído.

¿Qué tienen esos ojos? En medio del pasmo, Adriana Malvido tarda en encontrar la respuesta. Un hecho resulta ya innegable: Adriana es víctima de Nahui Olin. "Estás enahuizada", le dice Carlos Payán.

Enahuizada comienza a recorrer las calles de la colonia San Miguel Chapultepec, Tacubaya, la avenida Juárez, la Alameda, Madero, Isabel la Católica, el Zócalo, los rumbos de Nahui Olin. Por sus manos sensibles pasan los periódicos de los veinte, de los treinta; lee en la hemeroteca acerca de los mejores años de México, cuando José Vasconcelos, Diego Rivera, José Clemente Orozco y David Alfaro Siqueiros conciben un país fabuloso, un país que se levanta de entre las cenizas de la Revolución gracias a un acto de amor: el de la creación: el arte es de todos, la poesía tiene que leerse en las plazas públicas, habrá libros para los campesinos, maíz, maestros, frijoles, agua, luz eléctrica, panuchos, pintura, cajeta, gomitas, niños y niñas felices, mujeres colmadas, hombres contentos, chocolate, charros cantores y poetas enamorados.

Algo irrepetible sucede con la cultura mexicana que se expande y se engrandece, se vuelve dominio del pueblo a la vez que alcanza dimensiones universales. En medio de este resplandor, aparece el misterio bautizado Nahui Olin por el Dr. Atl.

En *Nahui Olin, la mujer del sol,* Adriana Malvido aventura la hipótesis de que para Nahui nunca hubo en la vida figura masculina más importante que la del general Manuel Mondragón, su padre, coincidiendo así con Raquel Tibol. "Nahui tuvo una mamá clasista, durísima, estricta, formalista, terrible. Su refugio fue su papá, quien la resguardó, y hay elementos que te pueden llevar a pensar que su relación fue más que la de un padre y una hija. Personalmente me queda la duda."

Carmen Mondragón Valseca, Nahui Olin, nace en Tacubaya, México, el 8 de julio de 1893. La preceden cuatro hermanos, la siguen otros tres, uno de ellos llamado Napoleón porque el general Mondragón, su padre, ama las proezas militares y funde cañones en Saint Chamond, Francia.

Toda la familia es afrancesada.

Nahui es excepcional del 8 de julio de 1893 al 23 de enero de 1978. A lo largo de ochenta y cinco años, su poesía, su pintura, sus caricaturas, su espontaneidad, su desnudez, su demencia, la forma en que conduce su barca en un mar infestado de tiburones la vuelven una mujer de linaje superior.

"Es una diosa", afirma Tomás Zurián, y tiene razón.

Raoul Fournier la ayudó casi hasta el final y fue uno de los pocos que osaban vivir la aventura de visitarla en su cueva abandonada y maloliente. Fue su médico, su mecenas, su interlocutor. La escuchaba sin chistar. No contradecía sus desvaríos. "Sí Nahuita, sí Nahuita, claro Nahuita, lo que tú digas." Hablaban en francés. Ella le recitaba sus poemas, sus textos de juventud. "Calinement je suis dedans", en que cariñosamente dentro de sí misma le rendía un homenaje a la lenta ondulación de sus piernas al insertarlas en medias de seda, a sus pies, a su vientre liso, a sus ojos que ardían a fuego lento, a su belleza que embaucaba a cuanto hombre, mujer, animal o quimera se cruzaba en su camino.

Nahui podía relinchar en francés porque provenía de la cuadra de yeguas finas del Colegio Francés de San Cosme y fue la alumna predilecta de Marie Louise Crescence, una monja que conservaba flores del mal en su devocionario. Su padre, el general Manuel Mondragón, inventor de un fusil extraordinario capaz de matar a veinte de un plomazo, se llevó el secreto de arma tan poderosa a la tumba, y jamás sospechó que sus escopetitas serían superadas por la bomba de cien mil megatones, de fulminantes ojos verdes, con una carga letal superior a cualquier arma hasta entonces conocida: Carmen, Carmela, Carmelita, Carmelina, carmín su boca y carmín más tarde su deseo, la niña Carmen de espesas trenzas rubias.

## Niña precoz

De que Carmen fue una niña precoz salta a la vista. Marie Louise Crescence, maestra del Colegio Francés, conocedora de Voltaire, Lamartine y Rousseau, lo comprueba: "Esta niña es extraordinaria. Todo lo comprende, todo lo adivina. Su intuición es pasmosa. A los diez años habló el francés como yo que soy francesa, y escribía las cosas más extrañas del mundo, algunas completamente fuera de nuestra disciplina religiosa".

Nahui escribió en el colegio un texto sorprendente para su corta edad: "Soy un ser incomprendido que se ahoga por el volcán de pasiones, de ideas, de sensaciones, de pensamientos, de creaciones que no pueden contenerse en mi seno y por eso estoy destinada a morir de amor… No soy feliz porque la vida no ha sido hecha para mí, porque soy una llama devorada por sí misma y que no se puede apagar; porque no he vencido con libertad la vida teniendo el derecho de gustar de los placeres, estando destinada a ser vendida como antiguamente los esclavos, a un marido. Protesto a pesar de mi edad por estar bajo la tutela de mis padres".

En 1924, la editorial Cultura publicó *A dix ans sur mon pupitre*, textos que la revelan toda entera, aunque los haya escrito a los diez años sobre su pupitre escolar.

"Desgraciada de mí, no tengo más que un destino: morir, porque siento mi espíritu demasiado amplio y grande para ser comprendido y el mundo, el hombre y el universo son demasiado pequeños para llenarlos…"

Años más tarde, Nahui le cuenta al Dr. Atl su relación con su madre, Mercedes Valseca de Mondragón, de la que había de pintar un retrato en 1924:

"'Ven, hijita, vamos a ver las flores pero antes déjame peinarte –estás muy bonita– tanto como cuando eras pequeñita y yo te llevaba de la mano a la escuela.' Me peinó muy suavemente y me dio una muñeca. 'Ésta', me dijo, 'es para la niña de tu hermano que Dios se llevó al cielo, no es como tú que lloras y dices cosas feas.' En el jardín, mi madre me dijo: 'Mira qué flores tan preciosas; córtalas para que las lleves a la tumba de tu papá y de tu hermano –son las últimas flores de la vida, de la vida mía y de la vida tuya–; se secarán sobre sus tumbas, pero sus perfumes llegarán hasta el cielo donde viven junto a Dios nuestro Señor'. '¿Quién es Dios nuestro Señor?', le pregunté a mi mamacita. 'Es el que nos ha hecho, hija, al que todo le debemos.' 'Yo nací contra mi voluntad y nada le debo a ese señor.' '¿Pero tú no rezas?' 'Yo no sé rezar mamacita. Reza tú por mí y déjame ver las flores que me hablan de amor.'"

## Toda la vida, la misma casa

Durante toda su vida Nahui Olin conservó la misma casa en la calle de General Cano 93, en Tacubaya. Era de una planta y a medio patio una fuente de cantera daba paz con el sonido de su chorro de agua. Años más tarde, lo único que subsistió al deterioro del tiempo y el descuido fue el piso de mosaico francés.

Adriana Malvido, febril, entrevistó a la familia, descubrió fotos (Nahui niña, Nahui tocando el piano, Nahui a la hora del té con su familia, Manuel Rodríguez Lozano tieso a su lado el día de su boda), poesía inédita, cartas amorosas, cartas odiosas de rechazo y despecho, tarjetas de visita, fotos de pasaporte, diarios íntimos, listones y lo más sensacional: siete pinturas de la propia Nahui pertenecientes a don Miguel Ramírez Vázquez, una de ellas encontrada en Acapulco.

## Un soldadito para mí

Raoul Fournier la conoció casada (en mala hora) con Manuel Rodríguez Lozano, su amigo. Entonces, en 1913, Manuel era miembro del ejército y una vez que Nahui lo vio desfilar, de perfil y muy bien hechecito, la niña le dijo a su papá: "Ay papi, regálamelo".

A la niña y a sus hermanos les impresionaba ver a su padre entrar al comedor con sus altas botas lustrosas, su uniforme cubierto de insignias, galones, estrellas, entorchados, medallas al mérito militar, a méritos en campaña y a méritos de nocturna procedencia. Imponente en su autoridad, ocultaba hasta el sol. Sus hijos jamás se avergonzaron de que él fuera uno de los principales autores del asesinato de Francisco I. Madero, lo que provocó su exilio en París.

La hija del general Mondragón obtenía todo si se pintaba las cejas y ennegrecía sus largas pestañas. Su papá cumplió su capricho: "Ahí te va tu soldadito". Contra el deseo de la niña no valió ni la homosexualidad de Rodríguez Lozano, ni su indiferencia ante los coqueteos rubios y envolventes. Eso sí, Carmen y Manuel compartieron el exilio del general Mondragón a partir de 1913 y pintaron, si no violines, al menos telas y papel. Tenían tiempo y nostalgia para la pintura y para el desamor. Raoul Fournier decía que allá tuvieron un hijo o una hija que murió en forma misteriosa; que posiblemente el bebé fue asfixiado por la madre al dormírsele encima, que cayó en un forcejeo entre la pareja o que la propia Nahui lo mató para vengarse de Manuel. En París, algunos aseguraban haber visto a Carmen Mondragón empujar una carreolita con un bebé de uniforme, gorra militar y botitas negras hasta la rodilla. Otros afirmaban que el carrito iba vacío.

Cuenta Lola Álvarez Bravo: "Manuel Rodríguez Lozano era muy atractivo y guapísimo, muy inteligente, un conversador extraordinario y un coqueto pero innato, de una gracia y de una agilidad de conversación magníficas. Después sí, ya se puso muy malo y le vino una decadencia horrorosa, pero era un hombre de mucho jalón, muy atractivo, muy, muy, muy atractivo, pero mucho, no sabes cuánto. Eso sí el pobre nunca tuvo un centavo. Fuera de Antonieta Rivas Mercado, todos éramos unos pránganas, no pero de veras pránganas. El matrimonio no duró, pero óyeme tú, qué pareja, qué pareja sensacional".

Juan Soriano es menos entusiasta: "Rodríguez Lozano tuvo un período muy largo y muy bueno de dibujos de figuras monumentales. Luego la copa, la mariguana y la fornicación lo llevaron al caos. Sólo hablaba de sus aventuras. Lo encontraba yo en Puente de Alvarado y no nos habíamos ni saludado y ya me estaba contando una serie de historias eróticas en las que mezclaba la fantasía con la realidad. Yo no sabía si estaba mariguano o en su juicio. Yo no podía con él porque luego en las fiestas repetía las mismas historias. No era muy alto pero era guapo. Tenía una casa preciosa que le había dado su mecenas, Francisco Iturbe".

*Regreso a México*

De toda la numerosa prole del general Mondragón, Carmen y Manuel fueron los primeros en regresar a México, en 1921. Vivieron en un departamento de la calle Nuevo México. Ahí se separaron y cada uno tomó su camino. El de Carmen la llevó a una pasión arrolladora por los sombreros y los zapatos. "Mis sombreros / son toda una historia / de color, de forma, de moños... / cubren las historias / de mi cabeza / y descubren mi rostro / sabio." Volvió a sus fijaciones infantiles que cariñosamente conservó porque eran su yo y tenía que acariciarlo: "Para calzarme / los pies / tuve que buscar / zapatos / rojos y negros / que besan la tierra / con las puntas. / Termina el contorno de mis piernas / con los zapatos / rojos y negros / que señala / el peligro de ver / mis piernas salir / de mis enaguas / que terminan / en la rodilla / Y amarro /

mis enaguas / y las levanto / con grandes nudos / que suelto a la mirada / de aquel / que ama mis rodillas / mis pies calzados / con zapatos".

Sus versos no rompen un plato pero su corazón desbocado, la reverberación de fuego en su mirada hacen que nadie pueda desprender los ojos de sus labios cuando dice poesía.

*El Dr. Atl*

Como vulcanólogo, el Dr. Atl además del Popocatépetl y de la Iztaccíhuatl se encontró con uno mucho más peligroso, por frágil y porque su hielo era delgado y quebradizo: la joven Carmen Mondragón quien pretendía sacarle a su cuerpo todos los sonidos. En 1922, el Dr. Atl la encerró para examinarla a solas, verla caminar desnuda en la azotea del Convento de la Merced, ciega de geranios. Su pelo trasquilado, los ojos que delatan un asomo de demencia, su boca a gajos de mandarina rajada, explotan, rugen. Nudista desde los siete años como las niñas de Balthus, un suave vello dorado la recubre y convierte su cuerpo en un campo de trigo. Escribe "Te amo" en idiomas diferentes y en su francés del Colegio de San Cosme.

*Atl bautizaba a sus amantes*

Cuenta Juan Soriano: "Atl era chiquito, flaquito y perverso. Vivía en el Convento de la Merced y allá se llevaba a las mujeres. Él fue quien más corrompió a Nahui Olin, como a todas las que tuvo. Les daba drogas alucinantes, pócimas extrañas, y estas pobres se enamoraban perdidas de él. Fueron muchas. A todas las que tienen nombres un poco raros, Atl las bautizó. ¿Sabes también de quién fue el primer amante? De Isabela Corona. Se llamaba Refugio Pérez Frías y él le cambió el nombre. En realidad, él era Gerardo Murillo, pero no se conformó con su verdadero nombre y se puso Dr. Atl. A Isabela Corona no la echó a perder porque tenía un carácter muy fuerte, nadie podía con ella.

*Primero con dos piernas*

"Atl las enamoró a todas primero con dos piernas y luego con una, porque la otra se le chamuscó. Ya estaba bastante viejón, había tenido muchas mujeres, estaba muy seguro de sí y no le importó mucho perder la pierna cuando el Paricutín hizo erupción. La lava del volcán corría y él estaba ahí parado, no pudo sacar la pata rápido y se le fue. Hacía cuadros grandes de los cráteres y estallidos, y tenía muchas teorías muy raras. A la gente le impresionaron mucho –cuadros y teorías–, pero para mí no es un gran pintor.

*La conocí bastante fregada*

"Nahui pintaba cuadros muy graciosos de niños y flores y hacía ingeniosas caricaturas, pero sus escritos eran más bonitos. Por los retratos que vi de ella, fue guapísima, pero yo la conocí bastante fregada, aunque todavía no estaba demasiado loca. La vi sentada en la Alameda con unos gatitos y las medias caídas, toda la piel así como con escamas, bolas y várices. Eso sí, los ojos impresionantes, nunca he vuelto a ver ojos así. Su cara era un desastre porque se pintaba a rayones."

*El cuerpo tempranero de Nahui Olin*

Nahui escribe:
    "Si tú me hubieras conocido / con mis calcetas / y mis vestidos cortitos / hubieras visto debajo / y mamá me habría enviado a buscar unos gruesos pantalones que me lastiman / allá abajo."
    Ni Lolita, la de Nabokov, fue tan diestra en la insinuación de estas perversiones brahmánicas.
    Nahui todo lo remite a su cuerpo y a los ardores de ese cuerpo tempranero. Se asume sexualmente en un país de timoratos y de hipocritones. Tras la apariencia seráfica de la señorita Mondragón, acecha una mujer que lleva dentro la descarga de un pelotón de fusileros, la luz de cien faroles en

noche de ronda, mujer magnífica y ansiosa que no busca ser frágil, al contrario, le urgen las llamadas malas intenciones. ¡Qué bueno que no sea discreta, qué bueno que sus sueños lúbricos atraviesen sus pupilas, qué bueno que la desnudez de su cuerpo se ajuste al aire, a la luz!

*Mujer cántaro*

Nahui Olin es quizá la primera que se acepta como mujer-cuerpo, mujer-cántaro, mujer-ánfora. Poderosa por libre, se derrama a sí misma sin muros de contención. Parece que la piel de Nahui está escribiendo. Sus ojos son de un erotismo brutal, hasta violento. No hay hombre o mujer ahorita en México y a principios del siglo XXI que se atreva a escribir así, a sentir así, a enamorarse así, a pintar así.

> Corté
> mis cabellos largos
> y rubios.
>
> Los corté
> para amar
> para dar un poco
> del oro de mi cuerpo.
> Los corté por amor.
>
> Corté la mitad de mis cabellos
> para dar un poco
> de mi cuerpo.
>
> Corté mi largo abrigo de oro…
> para el SOL
> que viene de lejos
> hasta mí
> para amarme.
>
> Nahui Olin, "J'ai coupé"

Quizá Edward Weston, en 1923, sea quien la revela en sus fotografías. Edward Weston aceptaba la igualdad de las mujeres y sólo celó a la suya: Tina Modotti. Reconoció en Carmen Mondragón la chispa sagrada. Diego Rivera la retrató como la musa de la poesía erótica, Erato, en su mural *La Creación,* de 1922, pintado a la encáustica en el Anfiteatro Bolívar de la Escuela Nacional Preparatoria, y puso uno de sus ojotes con enormes y tupidas pestañas bajo un sombrero de fieltro, en 1923, en el fresco *Día de Muertos* en la planta baja de la Secretaría de Educación Pública, donde también aparecen el propio Diego con su esposa Lupe Marín, el pintor Máximo Pacheco, su ayudante, la actriz Celia Montalbán, el torero Juan Silveti, la madre de Jean Charlot y Salvador Novo. En 1929, Diego la volvió a representar sobre la escalera mayor del Palacio Nacional. En 1953, la colocó con un collar de perlas en medio de unos personajes de la burguesía porfiriana, a la izquierda del mural *Historia del teatro en México,* que decora el Teatro de los Insurgentes. Diego no fue el único que sucumbió ante el verde-azul de sus ojos. Gabriel Fernández Ledesma, Ignacio Rosas, Antonio Ruiz "el Corzo", también se despeñaron en ella. El Dr. Atl la amó y la pintó; Roberto Montenegro también, y le hizo un retrato espléndido en que ella parece un personaje de la corte española.

Adriana Malvido asegura que admiraba todo lo que la mecenas Antonieta Rivas Mercado había hecho por la cultura: el Teatro Ulises, la orquesta Sinfónica Nacional, la campaña vasconcelista. Nahui no hizo nada de todo esto y sin embargo Tomás Zurián la considera una de las primeras feministas sin pancartas que, con la sola fuerza de sus actos, genera una apertura para la condición femenina. A pesar de haberlo pagado muy caro, es considerada una precursora de la mujer dueña de sus instintos. Vivir su sexualidad sin prejuicios terminó por destruirla. Tomás Zurián se pregunta: "Si Nahui Olin estuvo loca eso no importa. ¿Acaso no lo estuvieron Juana la Loca, Camille Claudel, Federico Nietzsche, Otto Weininger, Antonio Gaudí, Hugo van der Goes y Antonin Artaud? Nietzsche dejó escrito: 'Siempre hay un poco de locura en el amor. Pero siempre hay algo de razón en la locura'. A esto podríamos añadir que una locura creativa produce mejores frutos que una razón improductiva".

## La volcana

¿De dónde provienen los ojos de sulfato de cobre de algunas mexicanas que las hacen parecer encandiladas, posesas, veladas por una hoja de árbol, una ola de mar? De que Nahui Olin tenía el mar en los ojos no cabe la menor duda. El agua salada se movía dentro de las dos cuencas y adquiría la placidez del lago o se encrespaba, furiosa tormenta verde, ola inmensa, amenazante. Vivir con dos olas de mar dentro de la cabeza no ha de ser fácil. Convivir tampoco. El Dr. Atl la vio en un salón y se abrió ante él un abismo verde: "Yo caí ante este abismo, instantáneamente, como un hombre que resbala de una roca y se precipita en el océano. Atracción extraña, irresistible".

La invitó a ver su pintura en la calle de Capuchinas 90. "Quizá le gustaría a usted ver mis cosas de arte."

Así le dijo la serpiente a Eva y así empezó el paraíso para ambos. ¡Pobre de Nahui! ¡Pobre del Dr. Atl! Vulcanólogo, vulcanizado. Su volcana rugía más que Iztaccíhuatl. Inflamada, no dormía jamás. Se quejaba, pedía más, otra vez, cada día pedía más. Sus escurrimientos no eran lava, eran fuego. Sus fulgores venían de otro mundo. ¡Ay volcana! ¡Pobre del Dr. Atl!

Nahui no sólo era un relámpago verde sino una mujer culta que amaba el arte, hablaba de la teoría de la relatividad, habría discutido con Einstein de ser posible, tocaba el piano y componía, sabía juzgar una obra de arte y creía en Dios. "Eres Dios, ámame como a Dios, ámame como todos los dioses juntos."

El Dr. Atl no lo sabía todo del placer, la que lo sabía todo, por tener al mar en los ojos, era Nahui. Atl le escribió:

Mi vieja morada ensombrecida
por las virtudes de mis antepasados

71

se ha iluminado con los fulgores de la pasión.
Nada nos estorba, ni los amigos ni los prejuicios.

Ella ha venido a vivir a mi propia casa
y se ha reído del mundo, y de su marido.

Su belleza se ha vuelto más luminosa
como la de un sol cuyos fulgores se acrecientan
con el choque contra otro astro.

El Dr. Atl bautizó al astro Nahui Olin y la volvió mítica.
"Nahui Olin es el nombre náhuatl para el cuarto movimiento
del sol y se refiere al movimiento renovador de los ciclos del
cosmos." El cosmos es una constante en la vida y en la escritura de Nahui que según Andrés Henestrosa predijo viajes inter-
espaciales antes de que sucedieran. En 1922 publicó su libro
de poemas *Óptica cerebral*. En 1937 la casa editorial Botas publicó *Energía cósmica* con una portada diseñada por ella misma; en este libro, Nahui propone una serie de ideas sobre el
desgaste molecular del universo y comenta la teoría de la relatividad de Einstein. Dice no estar totalmente de acuerdo en
algunos detalles de la teoría, pero no especifica en cuáles.
Sin embargo, da pruebas de un raro genio matemático.

*El Convento de la Merced*

Nahui y Atl vivieron en la azotea del Convento de la Merced,
donde el amor los hizo rodar por el tiempo como una bola
de fuego. Para calmar su sed y sus ansias, se metían desnudos
a refrescarse en los tinacos y cuando los demás inquilinos
protestaron diciendo que el agua les llegaba sucia, el Dr. Atl
alegó: "Si toman píldoras del Dr. Ross, bien pueden beber
agua del Dr. Atl". Nahui recibía a los amigos desnuda, una
charola bajo sus dos senos, y servía así dos copas de elíxires fe-
cundantes. Los visitaban Diego y Lupe, Adolfo Best Maugard,
Ricardo Gómez Robelo, Carlos y Dalila Mérida, Tina Modotti
y Edward Weston. Bebían, bailaban, cantaban, pintaban, fo-

tografiaban, se liberaban, creaban, descubrían a México, lo sacralizaban. Eran felices aunque no supieran hasta dónde. Sobre un pedazo de caja de cartón, Nahui le hizo a Edward Weston un excelente retrato. Sus dibujos tenían la chispa sin sentido del talento sin pies ni cabeza, la gracia absoluta del que no se toma demasiado en serio, y sus dibujos son como ella, ingeniosos, libres, la obra fresca de una mujer ingobernable.

Una relación tan intensa entre una volcana y un vulcanólogo tenía que hacer erupción. Nahui centelleaba de celos, su boca roja se volvió injuriosa, el convento barroco de la Merced se llenó de insultos y los gruesos muros resonaban con los celos, los gritos hirientes, las cóleras, los pleitos, el desgarramiento. ¡Qué extraño! El odio más grande sobre la tierra es el de dos que se han amado.

Encenizados, se separaron. Nahui le repetía a Tomás Braniff, tan fino él, que Atl era un pinche medicucho cabrón. Tan fina ella.

*Hay algo de razón en la locura*

Posar más tarde desnuda para el fotógrafo Antonio Garduño llenó a Nahui de satisfacción. Primero había ido a Nautla, Veracruz, en 1926, y Garduño le había tomado varias fotos en traje de baño que publicó la revista *El Automóvil en México*. En esa misma revista, Nahui escribió sobre los incidentes del viaje y complementó su artículo con tres caricaturas y varias fotografías de Garduño. ¡Qué diferencia con las fotos que Edward Weston le había hecho antes! A Nahui no le gustaron esas fotos de yegua trasquilada; las que le interesan son las de Antonio Garduño que la hacen parecer una amable e insulsa conejita: carecen de fuerza, convierten a su modelo en una encuerada del montón, no hay originalidad; tampoco tienen la frescura de las divinas gorditas en pelotas del libro de fotografías *Casa de citas*. De nada sirvieron la gracia y la osadía de la deslumbrante Carmen. ¡Bien podría haber estado ciega, porque sus enormes ojos que todos ponderaron ni se ven! Pero el paso de Carmen estaba dado. Se había atrevido.

*Atreverse a todo*

Al año siguiente, Nahui habría de provocar otro escándalo al exhibir el centenar de fotografías tomadas por Antonio Garduño, en su mayoría desnudos. A la inauguración en su casa estudio de 5 de Febrero, asistieron el secretario de Educación Manuel Puig Casauranc, Montes de Oca, Lola Olmedo, los pintores Ignacio Rosas y Armando García Núñez, así como el joven fotógrafo Manuel Álvarez Bravo.

La hija de familia, la exesposa de militar, la volcana del Dr. Atl, no sólo se despojó de su ropa sino que fue desabotonándose uno a uno todos los pudores que traía consigo desde el colegio de monjas. Salió muy contenta del estudio de Antonio Garduño y se lanzó a la Alameda para caminar desnuda toda su vida.

Álvarez Bravo fue testigo del tormentoso romance de Nahui con el caricaturista y pintor Matías Santoyo, con quien viajó a Hollywood para ver a Fred Niblo, porque éste quería filmarla.

En 1933, en San Sebastián, España, Nahui no sólo exhibe cincuenta y cuatro pinturas y dibujos sino que ofrece un recital de piano en el vestíbulo del Cine Novedades. Toca no sólo a los clásicos sino sus propias composiciones y al final la ovacionan. Al año siguiente, en el Hotel Regis expone un conjunto de veintidós óleos.

*El capitán Eugenio Agacino*

Nahui Olin amó a otros. Tuvo novios, se volvió rehilete de feria. Un cantante italiano de ópera, un acapulqueño Lizardo, un Hombre del Clavel, pero a nadie amó tanto Nahui como al capitán Eugenio Agacino, español cuyo barco hacía escala en todos los puertos y se ancló definitivamente en uno solo: Nahui Olin. Nunca pintó Nahui con tanto color, nunca fueron sus naranjas tan frutales, sus azules tan morados, sus amarillos tan luminosos, su cintura tan esbelta. El mar había vuelto al mar. Sus ojos descansaron. Su autorretrato con el barco del capitán Agacino lo sugiere, así como su *Eugenio*

*Agacino y Nahui en el Atlántico.* Las palmeras rodean sus rostros felices aunque a Nahui entonces le acaba de caer un coco en la cabeza. Las estrellas bajan a la proa y bailan con ellos, La Habana y Nueva York son su telón de fondo mientras el capitán la envuelve en su abrazo.

El capitán Agacino muere en el mar en 1934 y los ojos de Nahui giran como veletas, sin dirección alguna, se hunden en un tornado, se empantanan.

Dice Lola Álvarez Bravo: "Weston le hizo un retrato a Nahui Olin estupendo como corajienta, desamparada, como si se fuera a enajenar de repente. Tenía una vida interior de lo más rara y eso lo captó Weston".

## Dotes de bruja

"Al último se volvió loca –prosigue Lola Álvarez Bravo–. Diego de Mesa y Juan Soriano insistieron mucho en que los llevara a la casa de Nahui Olin en General Cano 93. Salió un perro horrible, lanoso, ciego, de lo más impresionante. Nahui lo adoraba porque la habían querido asaltar y el perro la defendió. Después Nahui nos pasó a su casa. A Juan y a Diego los previne: 'Por favor, les ofrezca lo que les ofrezca aunque sea cocacola que ustedes vean que destapa allí mismo, no tomen una gota de lo que les sirva Nahui'."

Interviene Juan Soriano: "'Tú haces como que bebes y no bebes', me decía Lola. A mí Nahui Olin me asustó: 'Mira lo que hago', me dijo y agarró un foco, lo talló con sus dos manos y el foco se prendió. ¡Imagínate, con las manos! Luego me dice: 'Mira mi cama'. Y en la cama veo un hombre bien dibujado con pelos de verdad bordados aquí y allá y pestañas postizas de las que se ponen las mujeres. Luego me enseñó todas las pinturas del capitán de barco Agacino que había sido su último amante y a todos les había pintado una boca de mujer roja, roja. También a las fotografías en blanco y negro les puso esa boca de corazón roja y picuda. Un hombre para que fuera guapo tenía que tener las pestañas paradas como ella las tuvo y la boca pintada como fresa.

"La casa era espantosa. Yo no sabía si reír o llorar y hacía un esfuerzo horrible. Me platicó que estaba muy pobre y que ya no tenía qué vender."

*Lola Álvarez Bravo*

Continúa Lola: "Nahui siempre decía que tenía sus bebedizos para tener a todos los hombres embrujados y a todo el mundo a sus pies y que sus menjurjes y sus hierbas eran infalibles. Se ponía en trance y andaba rezando por los corredores de su casa destartalada: 'San Martín Caballero, tráeme al hombre que yo quiero', y los únicos que llegaban eran los murciélagos.

"Empezamos a platicar y le pido:

"–Oye Nahui, enséñanos los retratos que te hizo Weston.

"–Esas porquerías, ¿cómo quieres que te enseñe esas porquerías? Ahora verás, te voy a enseñar retratos de a de veras buenos.

"Abre un arcón y saca dos revistas, yo creo que era un *Jueves de Excélsior* o vete tú a saber qué, quizá un *Ovaciones*, y nos muestra unas fotos de ella de bebé, y otras picaronas, alzándose el vestido como de cancán; ella volteada para atrás levantándose las enaguas, enseñando el trasero, como las coristas; ella con un mecatito atravesado sobre ya sabes qué, bueno, unas vulgaridades de fotos. Le pregunté:

"–¿Qué tal tus cuadros?

"Nahui hacía arte naif.

"–Estoy esperando que me manden un cable de España porque los reyes quieren inaugurar una gran exposición mía. Yo nada más digo cuándo y ya me voy. ¡Qué bueno!, porque los de aquí no entienden nada ni saben nada.

"–¿Y te vas a ir a Madrid?

"–Sí, porque además allá me está esperando mi amor.

"–¿Sí? ¿Y quién es tu amor?

"–Vengan.

"Nos mete a una pieza y nos enseña una sábana de cama matrimonial colgada de la pared con un mono de este tamaños, que ella había pintado, horrible, horrible, con trusa, todo encuerado, nada más la trusa, forzudo, con los conejos saltados, horrible. Los ojos verdes, verdes, verdes con sus pestañotas tiesas y la boca así de corazón. Era todavía más impresionante el orangután ese con los ojos verdes, inmensos, de Nahui.

"–Como ven, él todos los días viene y me acompaña. Yo lo descuelgo y duermo con él, me tapo con él y me cuida. Mira, yo me enamoré mucho de él y él de mí, pero se tuvo que ir. Entonces nos fuimos a Veracruz y salió en su barco porque él era marinero y yo me quedé en el muelle sentada en el malecón, y se fue el barco y de lejos el capitán se despedía de mí, me mandaba besos. Ya me escribió que el rey de España me está esperando. Yo voy a ir con mi exposición y nos vamos a casar Eugenio y yo.

"Luego nos dice:

"–Ahora verán lo que yo hago.

"Cierra las persianas y saca un jarrón de este tamaño como de talavera antigua lleno de focos y nos dice:

"–Ahora verán, fíjense muy bien en lo que yo hago.

"Saca un foco y lo talla con otro, le hace así, pun, pun, pun, pun, y empiezan a salir chispas, una cosa horrorosa.

"–Ya ven, ya ven mis fuerzas. ¿De dónde creen que son mis fuerzas? La fuerza cósmica que tengo me la manda el sol.

"Y nosotros, mira, abrazados los tres del terror en la oscuridad, mientras ella ¡pun, pun, pun!

"–Lo único malo es que aquí los vecinos son terribles. En la mañana el sol tiene que defenderme, baja a regañarlos y me protege, porque los muchachos me avientan de pedradas. El sol se viene a platicar conmigo, me hace mis cariñitos, se acuesta en mi cama, me da consejos, platico con él y ya me ha dicho que sólo por mí no destruye México, si no ya habría echado a volar en mil pedazos a los muchachos porque todos son unos malvados.

"Dice Diego de Mesa en voz baja:

"–Oye, ya vámonos porque vamos a salir más locos que ésta.

"Juan, como es perverso, se quería quedar a ver qué más hacía la Nahui porque le asombró que se prendiera el foco al solo contacto de sus dedos, hasta que ella se le echó encima con una de sus luces y por poco y lo deja ciego.

"Nos fuimos espantados.

"Le perdí la pista mucho tiempo hasta que una vez me la encontré en el elevador en Bellas Artes.

"–¿Qué tal Nahui, cómo estás?

"–Yo bien.

"–¿Qué estás pintando?

"–Oye, me haces favor de no burlarte de mí.

"–¿Cómo burlarme de ti?

"–¿Ah no? Sabes que yo vengo a ver a Carlitos.

"Era Carlos Chávez.

"–¿Sí?, pues qué bueno, allá vamos, yo también vengo a verlo.

"–Sí, porque va a poner una sinfonía que yo escribí. Nada más que yo como todo lo hago intuitivamente porque me nace, lo tuve que escribir con letra, entonces pongo do, do, re, re y mi fa sol, y Carlitos, que es tan gentil, me va a escribir las notas para todos los músicos, las trompetas, los cornos, los violonchelos, los violines…

"–Sí, sobre todo los violines…

"–Aunque no lo creas, Carlitos va a poner mi concierto; lo va a tocar la Sinfónica de Bellas Artes.

"–¡Ay qué bueno, Nahuisita!

"Te conmovía tremendamente ver a esa belleza tan extraordinaria hecha un verdadero andrajo. Nahui era una gente que te daba… no lástima, es muy feo decir lástima… te daba amor, hubieras querido que no le pasara nada. Te daba tristeza que llevara esa vida tan dura porque cayó de a tiro feo. El Dr. Atl todavía preguntaba por ella. '¿Ha visto usted a Nahuita?' 'Sí, doctor.' '¿Y qué dice?' 'Que es usted muy mula.' No lo quería nada, ni a Manuel Rodríguez Lozano, pobrecita, decía que los dos eran basura. Bueno, Manuel no era basura pero pintaba basura. Hubo una temporada en que a Nahui le dieron un chequecito de cualquier cosa, de ochenta pesos o de lo que tú quieras en Bellas Artes, tal vez vitalicio, y con eso comía en un comedor para indigentes de Salubridad, creo, o en una cocina pública de esas de a cincuenta centavos que les dicen económicas, pero a Nahui no le alcanzaba ni para la comida corrida, puros frijoles y atole.

"Entre el Güero Fournier, Diego Rivera y no sé quién más, creo que Misrachi –aunque ése era bien codo–, le compraban sus cuadros para ayudarla, pero después ya no los quiso vender porque iban a viajar a España a la exposición de los reyes.

"Una vez andábamos en el Leda, en un fin de año, y Nahui se prendó de Obregón Santacilia. Y el pobre no sabía qué hacer porque ella colgada de él quería bailar con él tan estirado y se le aventaba y el pobre nada más volteaba a pedirnos auxilio, pero nosotros de malvados nos hacíamos los desentendidos."

México entero se hizo el desentendido. Nadie le tiró un lazo y Nahui se fue consumiendo sola en las calles en torno a la Alameda.

Cuenta Lola Álvarez Bravo: "Andaba por Puente de Alvarado como ruleteando, la pobrecita. Se ponía unos vestidos de una tela muy brillante, muy corriente, totalmente ceñidos y muy escotados, con una floresota de papel en el pecho."

*Ojalá y todas las mujeres tuvieran un Tomás Zurián*

En 1993, la rescató Blanca Garduño, directora del Museo Taller Diego Rivera, y la sacó del agua verde Tomás Zurián Ugarte, su salvavidas, y organizó en torno a su hermoso cuerpo de ahogada la exposición *Nahui Olin, una mujer de los tiempos modernos.* ¡Ojalá y todas las mujeres, Chabela Villaseñor, Concha Michel, Blanca Luz Brum, Cuca Barrón y otras, tuvieran a un salvador que casi veinte años después de su muerte las recordara con los amorosos colores de la benevolencia!

A Nahui Olin la tolteca
Princesa de siete velos

Emperatriz del pincel
Y Reina de los colores
Alcaldesa del dibujo,
De la línea profesora
De los contornos maestra
Y Reina de la armonía
Tú pintaste la poesía
Nahui Olin abadesa
Es inmortal tu grandeza.

Guadalupe Amor, a 23 de enero del
año de gracia de 1993

*Un enamorado de aquí a la eternidad*

Fue un enamorado que Nahui nunca sospechó, el hombre que mejor la ha amado de todos. En la gran exposición, las pinturas de Nahui Olin parecían rábanos, racimos rojos, abombados, circulares, racimos de ojos verdes, racimos de villamelones en la Plaza de Toros, racimos de boquitas de corazón, racimos de pestañas-alfileres clavadas en los párpados, racimos de girasoles. Aquí, Manuel Puig sería feliz: tantas boquitas pintadas nomás para él, tantos amores en glorioso tecnicolor, tanta pantalla, tanto fulgor vertiginoso.

*Órale tú, nalga brava*

Además de las boquitas de corazón, Nahui Olin ama sus nalgas como la mejor parte de su cuerpo. Las redondea, las para, las baila, las asolea. "¡Órale tú, nalga brava!" le gritaba Guillermo Haro a nuestra hija Paulita cuando se presentaba en sus shorts lista para ir a Cuernavaca. Mejor que nadie Nahui conoce la importancia de las nalgas y se sienta en ellas con cuidado para no gastarlas porque valen mucho. Joyas preciadas, nalgas y cara son lo mismo, el rostro oculto de la luna. "Cuando una puerta se me cierra, yo la empujo con las nalgas." "Las nalgas son el centro del universo." ¡Cuántos axiomas en torno a las nalgas! Si por Nahui fuera todos andaríamos con el culo al aire. Los prodigiosos traseros, los traspontines, celebrados en todas las despedidas de soltero y de soltera, son el foco de atención. El equilibrio de los cuadros de Nahui se asienta en un par de nalgas. En la composición de sus obras, son el punto de oro los glúteos (¡qué horrible palabra! Tanto como pompis o pompas), asentaderas, posaderas, posas, traseras, "con las que me siento". El tema son siempre las nalgas, aun en los dibujos más ingenuos, los más inocentes, en los que el erotismo está ausente, las nalgas son las que le dan sentido a la obra: *Nahui y Matías Santoyo, El abrazo, Autorretrato, Nahui y el capitán Agacino en Nueva York, Garduño y Bert jugando a pipis y gañas*. Quizá los títulos no sean tan reveladores pero en *Garduño y Bert jugando a pipis y gañas*, una tarántula devora el trasero de Garduño. De todos los dibujos, el más bello es *Desnudo femenino de espalda*, que parece un reloj de arena. Recuerdo que en el estudio de Juan Soriano en Melchor Ocampo nos recibían, paradas sobre la chimenea, unas nalgas prodigiosas en una fotografía tomada por el arquitecto Abarca, que se hizo fotógrafo gracias a las clases de Lola en San Carlos. Maestra y discípulo se hicieron muy amigos, Abarca le ayudaba y le cargaba las cámaras hasta que Juan le dijo a Lola: "Mira ¿para qué lo cocoreas? Déjalo en paz. Esto va a acabar mal". A él no le gustaban las mujeres y por eso tomó esas espléndidas nalgas de hombre en fotografía. Las encontró en un club de futbolistas. En un cuadro tras otro Nahui insiste en las nalgas pero finalmente las únicas que quedan son las que conserva Soriano y ya no enseña en público.

*El Fantasma del Correo*

Si todavía viviera, Nahui Olin cumpliría ciento siete años, mi número de la buena suerte. Nació en 1893 y murió el 23 de enero de 1978 de una insuficiencia respiratoria. Pocos la recordaban. Murió sola, gorda, rodeada de gatos bajo una cobija hecha con las pieles maltrechas de los felinos que habían muerto antes que ella, disecados y conservados con todo y cabeza para poder reconocerlos y hablarles de amores: El Güerito, Manelik, Roerich y otros. Murió convencida de que su retiro del mundo era lo único bueno que podía sucederle. No hubo una sola esquela, ni un obituario, nadie la recordó. Ya en los setenta, Nahui era conocida como "la Polveada", "la Loca", "el Fantasma del Correo" (Tacuba y San Juan de Letrán eran sus rumbos), "la Dama de los Gatos", porque solía darles de comer a los gatos en la Alameda. También la llamaban "la Perra", "la Mano Larga" y "la Violadora", porque siempre fue, según los decires, ninfomaníaca y todavía a los ochenta y cinco años, cuando lograba subirse a un camión o a un tranvía, les metía mano a los jóvenes pasajeros, que se cambiaban de sitio espantados no tanto por la voracidad de la dama harapienta como por las plastas de polvo blanco en su cara fofa y marchita.

Nahui es la antítesis, la antiheroína que se expresa a través de su cuerpo, creyó en él hasta el fin, se siguió viendo bella, porque como le consta a Adriana Malvido se compraba tres vestidos iguales de distintas tallas "para cuando adelgazara".

Nadie sospechó jamás que tras de esa vieja de asombroso erotismo se escondía la que fuera una de las mujeres más bellas y más apasionantes de México, una leyenda que habría de inspirar al curador de la exposición, Tomás Zurián Ugarte, una pasión tan tormentosa que Nahui todavía se le aparece en los bailes de disfraces de la Academia de San Carlos o en sus obsesivas vueltas y revueltas en su lecho de insomne.

*No era una loca común*

Homero Aridjis cuenta que conoció a Nahui Olin en la Alameda. "Me dije: éste es un personaje literario, un personaje poético. Ya desde la actividad que estaba haciendo en la Alameda, no era una loca común que me inspirara miedo: era una loca poética. El hecho de que sacara al sol al amanecer, lo llevara por todo el cielo, lo metiera y se le quedara mirando con esos ojos rojos-verdosos, despertó mi interés por

su mundo inmerso en la lógica de la locura y esta sobreviven-
cia de la niña dentro de esa locura.

"Nahui Olin es el tipo de personaje que la sociedad destruye porque es de una inocencia totalmente desinhibida, sin
compromisos, sincera. Una persona como ella se presta a todos los abusos de los hombres, porque mantiene esa inocencia adentro de su cuerpo. Muchos me advirtieron que cómo
entablaba amistad con alguien así. Pero algo intuitivo me
guiaba a dejar fluir el encuentro sin temor. Me di cuenta de
que el ambiente cultural en el que vivimos le tiene miedo a la
locura verdadera. Tendemos a convertir en estatuas a todos
los personajes de la historia patria, pero nunca reconstrui-
mos a los seres humanos.

"El encuentro fluyó; horas enteras hasta la madrugada,
en las que Nahui me contó casi toda su vida. Daba la impresión de mucha soledad, de esas soledades terribles acompañadas de pobreza. Recuerdo que tuve hambre, pero no me
importó, sentí que estaba dentro de una novela y ella era
un personaje."

*Soledad por muerte*

A partir de 1942 empezaron a morir los amigos de Nahui. La
noche del 5 de enero de 1942 murió de un ataque al corazón
la fotógrafa Tina Modotti. El 7 de septiembre de 1949 murió
José Clemente Orozco. El 13 de marzo de 1953 muere la pintora y grabadora Isabel Villaseñor. El 13 de julio de 1954
muere en su casa de Coyoacán Frida Kahlo y en 1955, según
la cronología de Tomás Zurián, a los cincuenta y tres años
muere de una embolia María Izquierdo. En 1957, el 24 de
noviembre, desaparece Diego Rivera y en 1964, el 16 de agosto, muere el Dr. Atl, cuyo cuerpo es velado en el vestíbulo del
Palacio de Bellas Artes. Nahui se presenta discretamente al
acto luctuoso. El 6 de enero de 1974 muere en su casa de
Cuernavaca David Alfaro Siqueiros y el 30 de diciembre de
1975 la entrañable amiga de Nahui, la pintora Rosario Cabrera. A pesar de que muchos ya le habían dado la espalda, estas

sucesivas desapariciones debieron de calar hondo en el ánimo de Nahui Olin.

*A treinta años de su muerte*

Casi veinte años después de su muerte en 1978, Adriana Malvido ha sabido amar a Nahui y poner en sus manos ajadas un solecito redondo de hojas de papel volando, oritos, la sal del mar, las luces de La Habana, sus palmeras, las de Nueva York que bajan a la proa del trasatlántico y son estrellas en el telón de fondo. Nahui baila en los brazos del capitán Eugenio Agacino, el más glamoroso romance de su vida. Nahui por fin hace escala. Gracias a Tomás Zurián y a Adriana, el mar ha vuelto al mar. Adriana ama a Nahui y le ha lanzado el único salvavidas posible: el de su libro pulido, bien bonito, en una época en que mujeres van y mujeres vienen y escriben unas acerca de otras en una celebración jubilosa.

# María Izquierdo al derecho y al revés

∎

Todavía se oyen los balazos de la Revolución de 1910. Las mujeres cruzan su rebozo sobre el pecho como antes cruzaron las cananas. Sus fuertes piernas de caminante les abren paso. Pretenden domar sus crines y recogen sus trenzas al aire. Todavía están hechas de tierra y agua, el maíz formó sus dientes, enderezó sus huesos, fortaleció su esqueleto, hizo aflorar la estructura de sus altos pómulos. El sol aún les delinea el rostro. Por su sangre corre el grito de Zapata: Tierra y Libertad. Al llegar a los pueblos, en un santiamén encienden la lumbre, echan al agua hirviendo en un perol gallinas robadas y las cuecen a punta de bayoneta, su fusil sobre el hombro para que nadie les impida darles de comer a los que vienen atrás.

Son la vanguardia.

Las mujeres caminan, sudan, aman, son colchón de tripas, dan a luz, se acostumbran a la muerte. Cada una tiene su muerto adentro. La única novelista de la Revolución Mexicana, Nellie Campobello, cuenta en *Cartucho* cómo se enamora del cadáver balaceado bajo su ventana –*su* muerto– y lo extraña cuando se lo llevan. No llora, nadie llora, no hay compasión, no es tiempo de rezos ni veladoras. Lo único que cuenta son los balazos.

En los veinte, las mujeres son libres porque son ellas mismas. Hacen lo que les dicta su instinto, no entran en complicidades con la sociedad, la religión, los cánones. No existe gran diferencia entre su mundo interior y su mundo exterior. Pisan fuerte, taconean, son chinampinas, rehiletes de colores, caballitos de feria, sillas musicales. Van por la vida abanderadas de sí mismas. Lupe Marín, la mujer de Diego Rivera –fiera alta y delgada–, le rompe a Diego en la cabeza sus ídolos prehispánicos y le sirve una riquísima sopa de tepalcates cuando él no le da para el gasto. Dolores del Río regresa de Holly-wood y canjea las boas de plumas de avestruz, las *aigrettes* a la Cedric Gibbons, por un sombrero de paja de Oaxaca. Inés Amor se casa a las volandas con un torero de apellido Pérez, ¿se imaginan?, en Texcoco, y el banquete se compone de dos tostadas con queso añejo y un tequilita ingeridos a la sombra de un árbol. ¡Una Amor con un Pérez, imagínense ustedes nada más! Desde la calle Juan Soriano y Diego de Mesa llaman a media noche: "¡Lola, Lola, Lola!", despertando al vecinda-rio; Lola Álvarez Bravo sale de la cama, se viste rápidamente y se va con ellos a bailar al cabaret Leda. Antonieta Rivas Mer-cado es la mecenas del Teatro Ulises y la musa de José Vascon-celos. A diferencia de su tía santa, la beata Conchita Cabrera –fundadora de la Congregación del Espíritu Santo–, la sensual Machila Armida confecciona guisos afrodisiacos, sofríe peca-dos mortales, salpimenta deseos y bebe mejor que los hom-bres. Elena Garro hace y deshace en la vida de Octavio Paz; cuando éste le pide que se arregle para ir a una recepción en la embajada de Guatemala, embadurna su rostro de negro, envuelve su cabeza en una pañoleta de lunares al estilo de Aunt Jemima y, escoba en mano, sube al coche oficial a espan-tar a su marido: "Octavio ¿no me dijiste que me arreglara?" María Izquierdo se casa a los catorce años con el militar Cán-dido Posadas y lo pinta de bulto, grandote, serio, trajeado de oscuro, amenazante. Atrás, una mujer espera. ¿Es ella misma?

*Bastó una sola función de circo*

María Cenobia Izquierdo nació en 1902 en San Juan de los Lagos, Jalisco, un lugar de peregrinaje que se llena de devo-tos en espera del milagro. Vivió con su abuela y una tía, am-bas beatas y aburridas, como lo escribió Margarita Nelken, la crítica de arte exilada en México en 1939, a raíz de la guerra civil española. Nunca participó en la gran feria anual de San Juan, que reúne a hombres y mujeres de todo el mundo en torno al santuario y a los innumerables puestos de rosarios, estampas y botellas de agua bendita, pero una sola función de circo a la que sí la llevaron la marcó de por vida y habría de pintar caballitos de feria, acróbatas, trapecistas, bailarinas sobre la cuerda floja, elefantes, saltimbanquis, perritos danzantes, cebras solitarias y un león con su leona que se entregarían al lance amoroso si el domador no se lo impidiera. Nadie ha pintado caballos como María Izquierdo, quien los ve chaparritos y dóciles, tanto que nunca tiran la cobija que los cubre ni mucho menos a las amazonas.

María no sólo es una amazona, es una domadora.

Casarse a los catorce años con un hombre que levanta en el aire un índice aleccionador, como ella lo pinta, es presagio de violencia en un país de por sí violento y traicionero.

## La ciudad de México en 1923

De Saltillo, María vino en 1923 con sus hijos a la ciudad de México para instalarse en la colonia San Rafael. Vivía en el centro, en una casa cercana a la Academia de San Carlos y a la Escuela de Medicina. En el patio cacareaban libremente las gallinas y ladraban los perros. María convirtió esa mansión de varias recámaras en una casa de huéspedes, donde más tarde habría de rentarle un cuarto a Lola Álvarez Bravo, recién separada de Manuel.

Sus maestros fueron Germán Gedovius y Alfonso Garduño. Ambos le dijeron que pintara en su casa para atender a su marido y sus hijos, Aurora, Amparo, Carlos, y a su hermana Belén que vino con ella.

Después de algunos años, decidió separarse de Cándido Posadas.

Desde niña, María Izquierdo mira fijamente la puerta por donde quiere escapar. Mira también a la cámara fotográfica que ejerce una extraña atracción: la magia de reproducirla a ella a los seis años con sus medias oscuras, su vestido de tres holanes, su pelo recogido en lo alto de la cabeza, sus cejas espesas que más tarde habrá de reducir a una línea de hilo de bordar, así como en Aguascalientes se borda el paso del tiempo en pañuelos de llorar y se deshilan iniciales en sábanas de lino.

El sortilegio de la cámara es inmenso. Los retratos que le toman son una proyección hacia el futuro. Allí está ella, cejijunta y obstinada. Ya la cámara conoce su decisión. Cándido tiene que quedarse atrás. Ella no puede seguir siendo la señora de Posadas, sus tres hijos están creciendo, ya no la necesitan, ella será pintora. Se tirará de cabeza a la tela en blanco, entrará a la Escuela de Pintura y Escultura de San Carlos.

## Esto es lo único

El 14 de agosto de 1929 Diego Rivera se convertirá en director de San Carlos y la señalará a ella y a su pintura como lo único que vale la pena: "No hay en el trabajo de María ni el halago fácil de la improvisación graciosa, ni el pintoresco de buen gusto; tampoco la desviación literaria capaz de atraer simpatías extrañas a la plástica". Margarita Nelken atestigua: "Diego Rivera pasó sin detenerse ante las obras de los alumnos mejor calificados y, al tropezarse de pronto con la pintura de María, declaró rotundo: 'Esto es lo único'".

Indignación. Escándalo. Protesta general. Al día siguiente los alumnos la reciben a cubetazos de agua. "Es un delito nacer mujer —exclama María Izquierdo en sus memorias—. Es un delito aún mayor ser mujer y tener talento." Ante la envidia y la incomprensión de sus compañeros decide trabajar en su casa.

## México, México

México es un cohete al aire, irradia luz. Nadie en Europa permanece indiferente a las nuevas culturas escondidas dentro de la jungla americana. Los arqueólogos no pueden creer que, bajo los árboles, las pirámides se multipliquen. Mesoamérica podría ser la Grecia del Nuevo Continente. El arte maya agazapado como un tigre entre los pantanos hace que los arqueólogos reciban la mayor impresión de su vida. Jacques Soustelle no volverá a ser el mismo después de Teotihuacán y Monte Albán, tampoco Sylvannus J. Morley o Eric

Thompson, Edward Seler, Alfonso Caso, Alberto Ruz Lhuillier. Súbitamente, los mexicanos se vuelven admirables, la gran civilización maya los prestigia, les da un atractivo que antes no tenían. De seguro los herederos de semejantes maestros son los artistas que el mundo espera. El muralismo mexicano deslumbra a muchos y, cuando surgen los Tres Grandes, su movimiento es aclamado y los críticos proclaman el nuevo Renacimiento de las artes universales en México, o sea en el ombligo de la luna. Los artistas europeos y estadounidenses quieren pintar al lado del maestro Rivera. Jean Charlot y Pablo O'Higgins son sus modestos ayudantes. Las hermanas Grace y Marion Greenwood son las primeras mujeres en subirse a un andamio a pintar y lo hacen precisamente en un mercado. Los escritores D. H. Lawrence, Hart Crane, los fotógrafos Henri Cartier-Bresson, Paul Strand, Edward Weston y su discípula Tina Modotti, Sergei Eisenstein y Tissé, su camarógrafo, se extasían y *Tormenta sobre México* es el paraíso terrenal. La Revolución Mexicana de 1910 no sólo precedió a la rusa, sino que José Vasconcelos habla del surgimiento en nuestro país de una nueva raza: la raza cósmica. En México se forja el nuevo hombre, el futuro del mundo se gesta en nuestro continente, el cruce de sangres de dos culturas será invencible, la energía concentrada en nuestro paisaje es la misma de las neuronas en el cerebro mesoamericano: volcánica. El *Ulises criollo* de José Vasconcelos lo asemeja a los griegos, aunque Juan Soriano diga que para leer a Ulises mejor el de Homero. La euforia es interminable. Ningún visitante podrá dejar de reconocer nuestra grandeza que no sólo es la del pasado sino que estalla en todas las manifestaciones de la cultura popular. México es un gran mercado que junto a los rábanos y las zanahorias ofrece colores y sensaciones que enloquecen a los extranjeros.

## Más mexicana que Frida Kahlo

María Izquierdo resulta más mexicana que Frida Kahlo, porque no es folklórica sino esencial. Su genio poético va más allá de los rebozos y el papel picado. Sólo cuando se multiplican sus alacenas pierde un poco la frescura de los rígidos caballitos de feria, que son una maravilla.

Pinta naturalezas muertas, soperas, sirenas, campesinos, casas infantiles de tan serias, manteles rojos, autorretratos, sobrinas y una verdadera maravilla: *Naturaleza viva con huachinango.*

## Las muñecas de cartón llamadas Juanita

Edward Weston y Tina Modotti retratan con fruición, casi con reverencia, los ingeniosos juguetes de feria y de mercado; William Spratling en Taxco impulsa la platería, Jorge Enciso lanza la herrería, el doctor Atl publica un libro: *Arte popular en México.* Las fiestas a los santos en los distintos pueblos, las tradiciones, la cerámica de Patamban y Metepec, el barro negro de Oaxaca, las lanas de Chiconcuac, las sillas del mercado igualitas a la de Van Gogh, las muñecas de cartón de nombre Juanita, los deshilados de Aguascalientes invaden las casas. Las mujeres antes afrancesadas ahora se visten de rebozo, al que se le rinden los mismos honores que a la mantilla española. "Lo mexicano" está *in.*

## El maravilloso huachinango

María Izquierdo, envuelta en esa vorágine de reconocimientos, se llena de savia, de fantasías, de lirismo, de gratitud por este país único que atrae los ojos de los intelectuales del mundo. Para las mujeres el disfrute deviene goce estético. María pinta las frutas que le gustaría comerse y, después de que las retrata Manuel Álvarez Bravo, devora las peras, los higos, los plátanos, las mandarinas del frutero con tal de que no se marchiten. María guisa a mediodía el huachinango que pinta.

México es la región más transparente del aire, el país mágico en el que nada tiene desperdicio y donde la naturaleza es, ante todo, un inmenso llamado al arte. Se hacen sopas de crisantemos, tés de bugambilia, las flores se mezclan con los *scrambled eggs,* el pollo en salsa de chocolate es un guiso al que se atreven las monjas en un convento de la ciudad de Puebla. Todo es posible. Cuando estallan cohetes, Edward Weston cree que son tiros, y si escucha una balacera, la confunde con los juegos artificiales de una fiesta pueblerina. Qué país Dios mío, qué país. Lejos del supercapitalismo y la tecnología, en México nada puede echarse a perder en el tiempo ni en el espacio, ni corromperse, ni multiplicarse, ni banalizarse. María Izquierdo cose sus propios vestidos, cura a su familia con hierbas del monte, se come su propia obra y no le hace daño al estómago.

*República de Venezuela 34*

¡Nada más sabroso que las olorosas cazuelas de arroz rojo salpicado de chícharos en los mercados de la calle! Nada mejor que los tacos de la esquina, las noches en la Plaza Garibaldi, los salones de baile en los que un letrero advierte: "Se suplica a los caballeros no tirar sus colillas en el suelo porque las señoritas se queman los pies". La pintora se instala en el corazón de la ciudad, en República de Venezuela 34, entre los viandantes y los silbatos callejeros del camotero y del afilador de cuchillos, el ajetreo en las aceras de los personajes más típicos de la ciudad: el organillero y el mariachi, ambos expertos en llevar serenatas.

*Como un altar de Dolores*

María Izquierdo, quien antes se pintaba una boquita de corazón, acepta su boca grande, ardiente, dolida, una boca que sabe de la siembra y la cosecha. Salvaje y cortesana a la vez, lleva a su país en su vientre. De Jalisco, el estado que le dio a México a José Clemente Orozco y a Juan Rulfo, se trae los ocres, los rojos calientes, los amarillos-oro, los colores del mole, no sólo el negro y el chocolate sino el verde, el blanco, el amarillito, el coloradito. Los coloca en su paleta y también en su cara. Según Lola Álvarez Bravo, inventa maquillajes a base de ocre y siena tostado que esparce sobre su rostro que ahora sí acepta tal y como es. Otras mujeres de cabeza olmeca la imitan. Robusta y chaparrita, cuerpo de soldadera, María Izquierdo se adorna como un altar de Dolores. Vestir piñatas, fabricar papalotes, levantar altares, acomodar alacenas, florear tumbas son tareas propias de manos morenas, y María cumplirá con su manda hasta el final de su vida. Incluso, ya muy enferma, repetirá sus bodegones y alacenas porque son parte de *lo mexicano*, listo para la exportación como las niñas de trenzas y ojos fijos sentadas en sillitas floreadas de Gustavo Montoya, un pintor que no le llega ni a los talones. Seguramente María Izquierdo les fascina a los chicanos porque en su obra hay mucho del sabor pueblerino que ellos llevaron a Estados Unidos y sus cuadros son vueltas al pasado y a los remedios caseros: los tés y la herbolaria curativa de la mágica abuelita que presidió su infancia y jamás aprendió inglés.

Xavier Villaurrutia, Roberto Montenegro, Luis Cardoza y Aragón, el poeta y crítico amigo de Orozco, Manuel y Lola Álvarez Bravo, Juan Soriano, Jorge Cuesta, Andrés Henestrosa, Alí Chumacero, asisten gozosos a las fiestas de María Izquierdo. Los manjares incendian el paladar y el deseo, las salsas y la tinta negra de los pulpos son alucinantes.

*La tina de los menjurjes*

Juan Soriano recuerda cuando Lola Álvarez Bravo vivía con María Izquierdo: "Las conocí en Guadalajara, me hice amigo de ellas y cuando llegué a México las busqué. Eran de naturaleza generosa y me presentaron a todo el mundo y daban muchas fiestas. Tenían un baño con una tina muy grande que llenaban de vino y frutas. Hacían unos ponches que casi te morías de la cruda al día siguiente. Mezclaban los licores que les regalaban. A mí me daba lo mismo y bebía hasta el aguarrás. Ahí conocí a Olga Costa y a Lya, pero principalmente a Olga, que era guapísima. Tenía unos ojos verdes maravillosos y un cuerpo muy atractivo. Lya era delgadita, delgadita, parecía una muchacha que no se ha desarrollado; siempre estaba muy escéptica de la vida y decía que era novia de Luis Cardoza y Aragón pero nunca la veíamos con él. Aparecía sola. ¡Y Luis

Cardoza y Aragón, qué novio ni qué nada! Le decía yo a Lya: 'Óyeme, yo veo a Luis y nunca me habla de ti'. Yo veía a Luis en un café y me platicaba mucho del surrealismo, muy inteligente, muy simpático, pero nunca me habló de Lya. A Olga, en cambio, la perseguía Chávez Morado, la ahorcaba: unos celos tremendos. Ella era muy buena para la copa, muy coqueta y muy guapa y todo el mundo quería con ella. Otra bellísima pero siempre en un estado espantoso de depresión era Isabel Villaseñor, casada con Gabriel Fernández Ledesma, que le tenía unos celos que no te puedes imaginar y que también se moría de la rabia si le hacían caso a ella y como todo el mundo le hacía caso a ella y a él no, se la vivía furioso. Tenía su bigote siempre manchado de tabaco, él horrible y ella como una sílfide, ambos con una casa muy bonita por la Villa de Guadalupe".

*La LEAR según Juan Soriano*

"Como ninguno de ellos triunfó realmente, se sentían muy mal. Además Rivera, Orozco y Siqueiros daban tanta lata y salían en todas las revistas, todo el mundo les hacía artículos, les rendía, iban al teatro y fotógrafos y periodistas caían encima de ellos y los demás ninguneados completamente. Se desquitaban en las sesiones de la LEAR [Liga de Escritores y Artistas Revolucionarios], y allá adentro corría un río de amargura como no te imaginas. Eran juntas de muchos discursos y de querer agarrar todas las chambas; a José Chávez Morado le decíamos 'Chambas Morado' porque, además de avorazado, protegía a sus hermanos, sobre todo a uno, y en cuanto había trabajo, se metía Chambas Morado y se llevaba los murales, las esculturas y todo. Se corría la voz de que iban a hacer un edificio y los dos hermanos Chambas, muy hábiles, inmediatamente presentaban su proyecto para el vestíbulo y todas las chambas importantes se las dieron a ellos. Entonces en la LEAR, los revolucionarios se la pasaban en juntas y juntas y juntas para decir que el camarada nos ha traicionado y hay que hacer una sanción en contra de él. Oye, sanciones y sanciones y puros fulanos que traicionan."

No todo eran traiciones, al tercer día resucitaban. Los mismos comensales de María Izquierdo iban a un cabaret de rompe y rasga, el Leda, que capitaneaba Luis Aguado, el Príncipe, compadre de María Izquierdo, quien lo lanzó a la fama. Liberarse es bailar, es creer en sí misma, es aplicar los colores con generosidad, espesarlos, volverlos pastosos, untarlos como mantequilla; liberarse es retratarse como la madona, con el niño Dios en los brazos. A todas las vírgenes María Izquierdo les pone su cara y la curvatura de sus labios. Todas son rotundas, duras, inevitables. Una suerte de rabia contenida refleja su vida interior. Así hay que encarar la vida, con fuerza, sin apenarse de lo que uno trae adentro. María Izquierdo ya no quiere ser provinciana ni pedir perdón; ansía manifestar sus deseos, decirse a sí misma, enseñar al mundo lo que trae adentro, estallar, abrirse como piñata o como los rojos granos de la granada que explotan y derraman su sangre al morderse. A mordeduras pinta María, dolida, ardiente que, ahora sí, ya sabe mucho de la vida. Ningún rostro tan hermoso como el de esta tapatía con sus pómulos altos, sus ojos negros y sus labios de cabeza olmeca que seguramente Carlos Pellicer habría echado a rodar en su museo tabasqueño de La Venta.

Los domingos lleva a todos a Xochimilco, la Venecia de América. Son varios los aficionados a Xochimilco, no sólo el pintor Francisco Goitia que vive en una chinampa, sino Lola Olmedo, futura modelo y la mayor coleccionista de la obra de Diego Rivera, René d'Harnoncourt, Jorge Enciso, Fernando Gamboa, Fred Davis, Tina Modotti y Edward Weston, Carleton Beals y D. H. Lawrence. Todos se extasían ante ese paisaje que confirma que Tenochtitlan, tal y como la vio Bernal Díaz del Castillo –acuática, musical y pajarera, la ciudad más bella del mundo–, fue construida sobre el agua.

*El circo*

Aún hay más. A María Cenobia Izquierdo, la niña provinciana que posa muy seria con su vestido a rayas, a barrotes que la encarcelan, sus dos piernas enfundadas en negro dentro de botitas también negras, le llega la libertad. ¡A bailar se ha dicho! Baila la caballista de puntitas en el lomo del caballo, baila el equilibrista, bailan los leones bajo el fuete del domador, bailan los caballitos de feria, bailan torpemente, sus patitas como de palo no les obedecen –claro, nunca lo habían hecho antes–, se avientan al ruedo, graciosos, auténticos, a darnos su propia esencia que es la de María Izquierdo. Lo hacen con pasos burdos, toscos, en el espectáculo más antiguo y primitivo: el circo. Cuenta Sylvia Navarrete que una manada de caballos salvajes estuvo a punto de atropellar a María de niña y que de esa estampida deriva su obsesión por los caballos. Bueno, todos los mexicanos tenemos obsesión por los caballos; habría que recordar que, durante la Revolución Mexicana, iban dentro de los vagones y la gente en el techo, mojándose, como lo explica Jesusa Palancares, la protagonista de *Hasta no verte Jesús mío:* "Las bestias eran primero. La indiada afuera, toda enlodada, y la caballada adentro, tapada con chales, comiendo tortilla y piloncillo".

*Tamayo, Tamayo, Tamayo*

Así como pone a girar sus circos ambulantes, sus ruedas de la fortuna, sus caballitos de feria, María Izquierdo, a su vez, gira como una rosa de fuego. Según Ermilo Abreu Gómez, las fiestas en su casa duran dos días y asisten los creadores de la época. Rufino Tamayo, el que canta, el que pinta, el que toca la guitarra, el de las camisas rosas, el de las camisas azules que se caen de moradas, se enamora de ella. Viven juntos cuatro años (1928-1932), hacen el amor, observan juntos, pintan juntos en un estudio en la calle de la Soledad en el que después habrá de vivir el muralista Pablo O'Higgins. La pasión va del uno al otro y del pincel a la tela. No compiten, se complementan. Escogen los mismos temas. Comparten las mismas obsesiones. Es tan fuerte la presencia de María Izquierdo en la vida de Tamayo que, años más tarde, la pianista Olga Flores Rivas, su segunda mujer, prohibirá que se le mencione por el resto de su vida y el mundo acatará esa orden.

*La gente que se quiere mucho, cuando se pelea se odia tanto que da miedo*

"Era muy graciosa, tenía mucho chiste –continúa Soriano–. Vivió varios años con Tamayo y pintaban casi igual, los mismos temas y colores. Se quisieron mucho, pero la gente que se quiere mucho, cuando se pelea se odia tanto que da miedo. Se separaron y nunca volvieron a darse los buenos días."

"En los portales, en un segundo piso, trabajaban María Izquierdo y Rufino Tamayo –cuenta Luis Cardoza y Aragón–. En la obra de ambos, en este tiempo, hay lejana semejanza aparente en el tratamiento de algunos temas afines o comunes a los dos pintores. María tiene la extraña gracia de la gran sensibilidad con incompetencia de oficio. Artaud escribió sobre ella. Pronto las dotes de Tamayo fueron expandiéndose y afinándose. De entonces son algunas de sus obras insólitas, óleos y gouaches. María murió en 1954. Hacía décadas se habían separado."

Juan Soriano corrobora el odio entre las dos: "Olga no quería que se hablara de María. Decías 'María Izquierdo' y a Olga le daba un ataque de rabia. 'Esa puta. Esa desgraciada. Esa sinvergüenza'.

"–Pero Olga –le decía yo–, María no era puta.

"–¿Cómo que no era puta? Tenía hijos y se metió con Rufino.

"–Pero Rufino era soltero –le digo–. ¿Qué te importaba?

"Si se encontraban, haz de cuenta, dos caballos enojados.

"María Izquierdo fue muy importante para mí –continúa Soriano–. La encontraba muy atractiva como mujer, muy rara, bajita, con las piernas así medio torcidas, una boca muy sensual, una cabeza maravillosa. ¿Has visto las fotos que le tomó

Lola Álvarez Bravo? Tenía mucho chiste y luego me gustaba mucho su pintura de la primera época.

Dice Olivier Debroise, en su libro *Figuras en el trópico,* que María Izquierdo "alcanza su mayor fuerza expresiva en el tratamiento de alacenas, bodegones y altarcitos populares, mediante una acumulación estética de objetos que permiten organizar una composición imaginaria e ideal. Sus cuadros con bodegones o escenas circenses se insertan en una estética provinciana cuyos antecedentes se encuentran en el arte popular y religioso del siglo xix".

A raíz de la ruptura con Tamayo, María se flagela. Su pintura habla del dolor que la atenaza. Desnuda a sus mujeres para torturarse mejor. A través de ellas, María suplica, aúlla como animal herido. *Calvario, La manda, La caballista* y sobre todo *Tristeza* son la expresión de su desesperanza.

## El oscuro color del fuego

Para María Izquierdo el más importante de los viajeros es, desde luego, Antonin Artaud, a quien conoce en 1936. Él la destaca por encima de los demás y la obra de María le parece lo único rescatable en México además del arte precolombino. Ella escribirá en 1947: "me esfuerzo para que mi pintura refleje al México auténtico que siento y amo; huyo de caer en temas anecdóticos, folclóricos y políticos porque no tienen fuerza ni poética y pienso que en el mundo de la pintura un cuadro es una ventana abierta a la imaginación humana".

Artaud vio el rojo predominante de sus cuadros como el "oscuro color del fuego. Sus pinturas no evocan un mundo en ruinas, sino un mundo que se está rehaciendo. [...] Toda la pintura de María Izquierdo se desarrolla en este color de lava fría, en esta penumbra de volcán. Y esto es lo que le da su carácter inquietante, único entre todas las pinturas de México: lleva el destello de un mundo en formación".

Pero la de Artaud es una amistad estorbosa porque, además de no tener ni un petate en qué caerse muerto, bebe y se droga. "Este hombre no muy alto, huesudo, con un poco de melena rubia, pajosa, al aire, vestido de blanco, que se quedaba parado en una esquina cualquiera de la ciudad de México, viendo a ninguna parte, seguramente bajo la influencia de algún enervante, y que cuando lo saludabas te cogía de la solapa y no te soltaba hasta decirte algunas frases", escribe Fernando Gamboa. Muchas madrugadas, María y Lola Álvarez Bravo tuvieron que ir a recogerlo en alguna acera en la que acabó tirado, totalmente perdido, dispuesto a morir de éxtasis en los bajos fondos de las colonias Guerrero y Buenos Aires. Ocho meses dura la estancia de Artaud en México. Ninguna de las dos entiende bien lo que dice el poeta y hombre de teatro, pero intuyen que es un iluminado. Las fuerzas del mal se ensañan en contra suya, lo persiguen, quieren volver a encerrarlo en el manicomio. En cada esquina detecta una conspiración en contra suya. Los tres intereses de Artaud en México son María, el escultor Luis Ortiz Monasterio y el peyote.

El poder de la droga es enorme, Oaxaca lo inspira, la misteriosa Ciudad de los Palacios lo seduce enrojecida al sol, los dioses del pasado que fueron desbancados por España vuelven a salir de la tierra y ahora Tláloc es el dios de la lluvia; Coatlicue, con su falda de serpientes, la de la fertilidad; Tlazoltéotl, la de los excrementos.

Para Artaud, María es una sacerdotisa, Coatlicue y Tlazoltéotl a la vez.

Para "viajar" con hongos alucinógenos bajo la guía de María Sabina, la chamana de Huautla de Jiménez en la sierra oaxaqueña, llegarán más tarde, de Estados Unidos y de Francia, Gordon Wasson, Roger Heim, y los ingerirán con chocolate y por pares: el hongo mujer y el hongo hombre, las "personitas" como los llama la nueva sacerdotisa.

## El Café París

Cuenta Luis Cardoza y Aragón en *El río:* "Ni Villaurrutia ni Lazo, suaves, exquisitos, trataron a Artaud; ya lo dije pero lo repito, todavía me sorprende. ¿Los asustaba aquel *voyou,* para ellos impresentable aun en el café o en la cervecería, en donde comía alguna cosa? ¿Comía Artaud? El Café París en la calle de Gante, estaba entre esa cervecería de un alemán y, del otro lado, a poca distancia, una cantina. En casa de María Izquierdo, comprensiva y generosa aun cuando [él estuviera] muy drogado, advertí que sentíase a gusto y con gusto tomaba un poco de sopa familiar y mordisqueaba tortillas con aguacate."

## El peyote lo trastornó mucho

Soriano, que conoció a Antonin Artaud precisamente en casa de María, cuenta que "estaba en un estado ya de droga que te daba miedo verlo, pero era un gran poeta. Su libro es muy bello. Había sido actor y trabajó en la película *Juana de Arco* con la Falconetti, preciosa mujer que hizo esa única película. Artaud actuó en *Los Cenci,* una obra de teatro con Iya Abdy, una lady que después fue de Matías Goeritz. El peyote que experimentó a fondo lo trastornó mucho y eso que ya venía a México enfermo porque había estado en varios manicomios. Dibujaba muy bien, yo vi sus dibujos, notables de veras".

## Tú no pintas murales, María

En 1945 empezó a bosquejar un mural para el Departamento del Distrito Federal, pero una junta evaluadora en la que estaban Diego Rivera y David Alfaro Siqueiros desechó el proyecto y el contrato que había firmado se canceló. María Izquierdo, que había sido miembro de la LEAR, se sintió traicionada por sus antiguos compañeros de lucha.

En México no hay muralistas mujeres, sólo dos norteamericanas, las hermanas Grace y Marion Greenwood que pintan en el mercado Abelardo Rodríguez. La poetisa Aurora Reyes pinta en una escuela en Coyoacán y la critican porque, al igual que Tina Modotti, es comunista y se viste de overol. Javier Rojo Gómez, el regente, le ofrece a María Izquierdo más de 150 metros cuadrados en la escalera del edificio del Departamento del Distrito Federal. María se decide por pintar primero *La música* y *La tragedia*, para proseguir a lo largo de la escalera con la historia de las artes, y empieza a dibujar bocetos a escala, a preparar sus aplanados.

Al ver los proyectos, Diego Rivera y David Alfaro Siqueiros le dicen a Javier Rojo Gómez que ella no es capaz de pintar murales, que sus soluciones son demasiado elementales.

*Tú no, María, tú no puedes*

María denuncia el boicot y polemiza con David Alfaro Siqueiros. El caricaturista Freyre satiriza a los "rusófilos" y dibuja a María Izquierdo de inmensa cabeza y delantal, como la cocinera de la izquierda. De por sí María Izquierdo se afilió a la LEAR que se puso al servicio del pueblo. La rabia y la amargura ensombrecen a la pintora. Vilipendiada, el rencor la invade y la contamina. A pesar de que el crítico Justino Fernández la llama "la mejor pintora contemporánea mexicana", el despecho anida en su corazón.

Soriano la consuela, aunque le parece muy triste verla caminar con una de sus hijas, toda chueca por la calle, para ir a firmar su recibo de maestra a la Secretaría de Educación. Ya no da clases, "pero no le quitaron el sueldo y todas las quincenas cobraba su cheque: una miseria pero ella lo recibía muy contenta. Incluso después de su enfermedad siguió siendo cariñosa y agradecida".

*La diplomacia vs. la bohemia*

En 1938 María Izquierdo canjea el mundo de la bohemia por el de la diplomacia. El chileno Raúl Uribe –pésimo pintor según Inés Amor– se vuelve su "manager" y seis años más tarde, en 1944, en Chile, su marido. Así como ella aparece en las secciones de "sociales" de los periódicos brindando con embajadores, pinta retratos, alacenas, altares de Dolores, Mater dolorosas, *Naturalezas vivas* (como las llama) y retablos. También se viste de otra manera. Henri de Chatillon, el francés, le confecciona sombreros de moda. ¡Ah, moda, cuántos crímenes se cometen en tu nombre! Sus vestidos son negros, entallados, difíciles de ponerse y de quitarse, y no la embellecen. Comen en el Normandie, ya no en la Fonda Santa Anita. Raúl Uribe es un *social climber,* un vividor que la lleva al mundo de las recepciones y de las relaciones públicas. Le enseña a María a pintar con una segunda intención: cobrar. El que cobra es él, el diplomático. La vida de la pareja es un torbellino de compromisos y de actividades colaterales a la creación: las de la difusión personal. María escribe en los periódicos acerca de pintura; Antonio Ruiz *El Corsito,* Tina Modotti, Andrés Salgó, López Rey, Fernández Leal son sus temas. Da clases de pintura, ataca a los muralistas y habla del infame monopolio que tienen sobre los murales, caricaturiza a sus enemigos, defiende la causa del maestro de arte que recibe un sueldo de miseria, denuncia al gobierno indiferente y hasta hostil a la creación pictórica que no sea la de "no hay más ruta que la nuestra". Viaja a América Latina y, en Chile, Pablo Neruda la recibe como a una aparición.

*Los árboles pierden sus hojas*

Al cambiar de *status,* volverse mundana, reír en los cocteles y no morder ya granos de maíz sino canapés, la obra de María también pierde su fuerza. De Chirico entra a su pintura, los árboles pierden sus hojas, la tierra se enceniza, las ramas imploran al cielo, los espacios se vacían y el horizonte negro que sin saberlo la amenaza, al amenazarnos, define la obra de esos años.

Las casas de María Izquierdo son cubos, rectángulos, cuadrados plantados a la mitad del lienzo como los colocaría un niño. Las proporciones son, a un tiempo, infantiles y seductoras, los muros son casi elementales. Su retrato de Juan Soriano es sensual y perverso y tiene que ver con los desnudos que hacía con Rufino Tamayo en la primera época, de proporciones bárbaras. Tal parece que María Izquierdo quisiera renegar de sus bellísimos rasgos indígenas. La influencia de De Chirico, los árboles sin hojas, mutilados blandiendo sus muñones al cielo, parecen heridos de guerra. Pierde su brutalidad. Hay algo trágico ahora en María Izquierdo. Pinta un frutero colmado de granadas, uvas, plátanos y duraznos, y lo coloca bajo un cielo de tormenta, haciéndonos pensar que todo se va a anegar y pudrir. Su *Naturaleza viva* de 1946 tiene mucho de siniestro, de catástrofe. Con una caracola de mar al lado de un mamey y un aguacate, nos hace pensar que la idea de Artaud acerca de su obra como un mundo en formación no se puede aplicar a todos sus cuadros, porque en *Naturaleza viva* asistimos a lo único que queda del mundo.

"Yo le decía que no le hiciera caso al Uribe –dice Soriano–, pero nunca lo logré porque estaba muy enamorada de él. Finalmente a ella le dio un ataque de apoplejía y se quedó media chueca y él la dejó. Después ya no podía pintar, le daba mucho trabajo, porque estaba muy mal. Todavía hizo algunos cuadros pero feos porque sus familiares les metían mano. En su primera época, la pasamos muy bien, casi fuimos felices. La querían mucho Villaurrutia y Agustín Lazo y nos la vivimos de cantina en cantina, pero eso nos inspiraba porque como éramos jóvenes, a la mañana siguiente pintábamos mejor."

*Ni tan felices los marxistas*

"El mundo de la izquierda y el de la LEAR era horrible. No podías pintar lo que querías, ni opinar lo que querías, tenías que pensar absolutamente como ellos y claro no había conversación posible porque si tú piensas igual que el otro y a todo dices que sí, pues no surge una sola maldita idea. En la LEAR todos decían que sí a todo y estaban bajo la misma influencia, dizque la del marxismo, pero ninguno había leído a Marx. En realidad eran muy incultos y todos hablaban de 'oiga chairas, usted me la manfirulea' como Cantinflas que fue un gran éxito porque no decía dos cosas que tuvieran sentido pero era lo más mexicano. Yo sí leí a Marx y lo dejé, después te digo por qué. Las sesiones eran aburridas e interminables, discutían cuánto iban a cobrar por los centímetros de pintura y si estaba bien o mal pintado, según su criterio. Se envidiaban los unos a los otros, nadie quería a nadie y aquello era un nido de alacranes."

### La cabeza olmeca canjeada por la de Henri de Chatillon

En 1940 María Izquierdo hace un retrato singular. Dos hombres guiaban la moda en esos años, uno, Armando Valdés Peza, el otro Henri de Chatillon. Diego Rivera retrata a Chatillon con una de sus propias creaciones en la cabeza, un lindo sombrero femenino. María Izquierdo lo convierte en un dandy vestido de blanco con un sombrero de paja y un microperro, blanco también, y pone frente a él un caballete que lo indianiza con sombrero y camisa azul. Más tarde, la propia María Izquierdo, que se vestía de tehuana y trenzaba su pelo con cintas de colores a la manera de Frida Kahlo, opta bajo la influencia de Raúl Uribe por "chatillanizarse" y se enfunda faldas de tubo y sombreros "cloche" que vuelven estrambótica su presencia.

### La hemiplejía

Al buscar el reconocimiento y caer en todo el ajetreo que implican los honores, mucho antes de entrar de lleno en ese horizonte negro, María Izquierdo se diluye. En 1947 pinta una profecía: *Sueño y premonición*. Asomada a la ventana, ella misma sostiene su cabeza degollada en la mano derecha. La cabeza llora en un paisaje siniestro. En febrero de 1948 sufre una primera embolia que la paraliza del lado derecho durante ocho meses. Sin embargo, su naturaleza fuerte y noble la lleva a hacer esfuerzos inauditos para su recuperación. Entre 1948 y 1955, es decir durante casi seis años, María Izquierdo da pruebas de un heroísmo singular. En primer lugar pinta su camino de la cruz. Así la conocí, sentada en una silla, frente a una tela que penosamente iba cubriendo de pintura, a torpes pinceladas de su mano derecha, la de la hemiplejía, sostenida por la izquierda a lo largo de lentas, dolorosas horas de crucifixión, una cobijita sobre las rodillas. A su lado, una de sus hijas, Aurora, respondía por ella.

*Nunca pintó con la mano izquierda, asegura Olivier Debroise*

Olivier Debroise lo corrobora: "Nunca trabajó con la mano izquierda, como aseguran, jugando con su apellido, numerosos periodistas; colocaba sus pinceles en su mano derecha, que apoyaba sobre el brazo izquierdo. Esforzándose como siempre, pinta algunas alacenas, algunos paisajes más. El trazo resulta burdo, la materia y el color poco interesantes. El esfuerzo, por supuesto, es loable".

Durante los primeros años, sus amigos, impresionados por su desgracia, organizan subastas, realizan colectas. María Asúnsolo, siempre generosa, trae su corazón en la mano. Lola Álvarez Bravo, Margarita Michelena, Elías Nandino se movilizan en su ayuda, pero el tiempo corrosivo diluye hasta las mejores intenciones y su casa se vacía poco a poco. Los diplomáticos son golondrinas y abandonan el nido. Ya no suena el timbre de la calle, María ya no está en el remolino, pocos la visitan. Otro acto de bravura la singulariza: se divorcia de Raúl Uribe y lo acusa de hacer negocios en su nombre. Las deudas se acumulan junto a las cuentas de hospital.

En vista de su estado, se dijo mucho que el que la suplía de 1948 en adelante era Raúl Uribe que, pincel en mano, confeccionaba "Marías Izquierdos". Lo cierto es que Uribe la dejó. De allí que su obra pierda su esencia. El arrojo de María Izquierdo es inaudito. Pinta con una valentía fuera de serie. Lejos quedó aquella frase: "Ya para qué pinto, si sigo siendo pobre y mis éxitos no me han traído más que sinsabores y decepciones". Dos frases de las que me dijo en aquella entrevista de 1953 se me quedaron grabadas: "Yo le debo mucho a Tamayo pero también él me debe a mí bastantito", y: "Durante una década me dediqué a un solo color por año. Son siete colores los que me importan: el rojo, el bermellón, el carmín, el ocre, el blanco rosa, el rosa de los indios, el chicle y el tezontle, la tierra quemada de Michoacán". Su alma roja, que Antonin Artaud tanto admiró, vuelve a surgir; ultrajada, se crece al castigo. Artaud lo había previsto: "El alma roja es concreta y habla. Sin exagerar, se podría incluso decir que ruge. Entre los pintores mexicanos contemporáneos, María Izquierdo es la única en haber sentido ese lado vehemente, tan asombroso, iracundo del alma mexicana original que, sin trabajo ni desgaste, jugando domestica leones. La pintura de María Izquierdo nos hace volver a los fabulosos tiempos en que, detrás de los muros de una ciudad santa, corrían leones más impetuosos, más inteligentes, más lúcidos que los seres humanos".

## La cirquera ahora baila de puntitas

María muere de la cuarta embolia a los cincuenta y tres años, el 2 de diciembre de 1955 en su casa de la calle de Puebla. Un año antes había muerto Frida Kahlo, pero Frida resucita en los ochenta, se vuelve un tótem, una moda, un fanatismo. María Izquierdo, hecha a un lado por "la fridomanía", apenas si se menciona y sólo la recupera en grande, en noviembre de 1988, el Centro Cultural Arte Contemporáneo, cuando organiza una gran exposición retrospectiva que permanece cuatro meses con un amplísimo catálogo que sitúa a María Izquierdo dentro de la historia del arte en nuestro país y el arte universal.

## Cotidiana y entrañable

A partir de ese momento, María vuelve a caminar como una Adelita de la Revolución, con su rebozo rojo cruzado, desde San Juan de los Lagos hasta la capital. Su corazón le llena el pecho, sus movimientos son libres, avanza sobre sus fuertes piernas de soldadera. Junto con el máuser, viene cargando sus ocres y sus amarillos, los rojos de su alma roja y el incendio de su pasión por los colores. Camina erguida, no se deja vencer aunque ya quisiera tener un caballo que la llevara a galope. Su voluntad la hace mirar a lo lejos, más allá del horizonte; parece estar viendo toda su obra futura, el alhajero y el abanico, el velo de novia sobre la silla y la sopera, el circo y las bañistas, el domador de leones y la cirquera, las bailarinas y la equilibrista, los elefantes y los perritos, su mundo familiar sencillo, cotidiano y entrañable que le tiende los brazos y le dice que sí, María sí, claro que sí, ahora sí puedes pararte de puntitas sobre el anca de un caballo y él te llevará al espacio en el que se confunden las alacenas con los altares de muerto.

# Elena Garro: la partícula revoltosa

Elena Garro ha quedado tan confundida con Octavio Paz que muchas veces resulta difícil separar su obra y su vida del nombre del poeta. "¡Ah, la que fue mujer de Paz!" es una frase que parece formar parte de su identidad. A partir de esa exclamación empieza la historia de amor y de odio que identifica a la pareja. Lo cierto es que después de *Andamos huyendo, Lola,* que también tiene mucho de autobiográfica, las novelas de Elena Garro giran en torno a la figura del que fue su marido de 1937 a 1963, o sea veinticuatro años. Son un largo asedio, un alegato interminable, un carrusel incesante y nocturno, un caballito de noria que a vuelta y vuelta hace trizas toda posibilidad, porque más que ninguna otra escritora Elena Garro tiene la estrella de la locura en los ojos. También la del encanto porque su seducción es infinita y su atracción "fatal" aunque suene a título de película.

Contradictoria a más no poder, Elena Garro, al igual que sus personajes femeninos que son ella misma, se va destruyendo y la acompañan en su caída al abismo sus fieles seguidores, amigos, familiares, enamorados, los que frecuentan su salón, los incautos que tocan a su puerta, en una palabra los encantados. El encanto –dice Elena– es una manera de engañar al prójimo y un artificio maléfico. Sin embargo se retrata a sí misma como una inocente en manos del hampa, ya sea la del dinero o la mafia intelectual. Nunca sabe nada, de día y de noche se le agrandan los ojos de inocencia e incredulidad ante la maldad humana. Ella, la niña que trepaba a los árboles de su infancia en Guerrero, nada tiene que ver con lo que ella misma suscita. Nunca está enterada. Sin embargo, una constante atraviesa sus novelas, sus cuentos, su teatro: el miedo. Nadie le da seguridad, no hay una espalda ancha de hombre en la que pueda recargar la suya. La presencia masculina es siempre hostil. Ningún hombre puede comprenderla o aliarse a su causa. Todos van a traicionarla y a dejarla caer. La autora espía los rumores de la convivencia. El hogar es una trampa. Detrás de la puerta, alguien, el esposo, el amante afila un cuchillo para encajárselo en la nuca.

## Vivir entre la sospecha y el recelo

A lo largo de su vida adulta ("empecé a tener miedo cuando me casé"), siempre hubo alguien al acecho, un hombre o un grupo decidido a eliminarla. Dedicó muchas horas de su vida a aclarar asaltos o asesinatos (*Andamos huyendo, Lola,* Joaquín Mortiz, 1980). Que alguien deseara dañarla era su pan de cada día. Vivió entre la sospecha y el recelo, el odio y el amor. Amaba y odiaba en la misma respiración. En la relación amorosa fue siempre la víctima aunque de repente y sin darse cuenta siquiera se volvía la agresora. Violenta, aterradora, nadie ha descrito a un amante con la saña y el desprecio de Elena Garro.

## Creencia fervorosa en la poesía

Según Octavio Paz, *Los recuerdos del porvenir* es una de las mejores novelas del siglo XX mexicano. Carlos Monsiváis lo corrobora al decir que en esa novela "ya están presentes la perspicacia, la inteligencia, el instinto poético, la destreza narrativa, la capacidad de crear personajes que en alguna medida son al mismo tiempo metáforas de un paisaje onírico. Si en relación verdadera con el realismo mágico atenida a su creencia fervorosa en la poesía, Elena Garro describe esa provincia mexicana dividida por la guerra cristera y la delimita utilizando los rencores de las pasiones amorosas y la belleza que a pesar de la guerra continúa, su libro de cuentos *La semana de colores* es excelente y en especial 'La culpa es de los tlaxcaltecas', una obra maestra".

## "Octavio Paz se me adelantó", dijo cuando él murió

Nacida el 20 de diciembre de 1917 en Puebla –aunque ella

solía cambiar el año a 1920–, Elena Garro muere el sábado 22 de agosto de 1998, en Cuernavaca, apenas cinco meses después de la desaparición de Octavio Paz, el 19 de abril en la ciudad de México. Había dicho en voz baja cuando le comunicaron la muerte del poeta: "Se me adelantó. Él me va a recibir allá arriba. Yo lo perdono, sé que él me ha perdonado y espero pronto reunirme con él. La muerte es vivir para siempre.

"Creo en la vida después de la muerte y creo que si fuimos malos, Dios nos castiga, pero como yo desde el 68 (año del movimiento estudiantil y año de mi desgracia) he caminado entre tantas espinas, creo que me voy a ir al cielo. Dicen que cada quien es arquitecto de su propio destino, pero el mío ha sido terrible.

"Yo quiero morir durmiendo y, para mi sepelio, a veces imagino un campanario y que yo estoy ahí muy contenta oyendo las campanas y viendo a la gente entrar a la iglesia a rezar por mí. Quiero ser un ángel aunque creo que fui un demonio.

"Para todos la vida es un camino de espinas. Creo que nos toca una rosa de vez en cuando, pero en general te tocan cardos. Yo de niña no era desdichada, yo sí creía que eran puras flores, pero no es así.

"A mí la vida me ha pegado mucho muy duro. Hay días difíciles y amargos. Los felices se van rápido y las desdichas te duran y duran, y dices: ¿cuándo saldré de esto? Yo creo que sólo cuando uno muere la vida se apaga y duermes para siempre.

"Todo tiene vida y tiene muerte, los segundos, los minutos, las horas, los meses y los años, a todo se lo lleva el tiempo. Cuando el sol sale es la vida, cuando la luna aparece es parte de una muerte efímera en donde duermes y sueñas."

*¿Con qué voy a pagar la cuenta?*

Una de las últimas entrevistas a Elena Garro se la hizo el joven periodista Luis Enrique Ramírez en el jardín de su hermana Devaki Garro de Guerrero Galván, en Cuernavaca en

el año de 1993. La vio como una aparición entre las bugambilias, las azáleas y las nochebuenas, y le pareció que la movía
el viento, frágil, pálida, delgadísima, la desolación tatuada en
su rostro que había sido muy bello. Le costó trabajo escuchar-
la porque Elena siempre habló como en secreto, en voz muy
baja, bajísima, salvo cuando se enojaba; entonces su voz adquiría sonoridades de órgano catedralicio y retumbaba en las
paredes y en los espíritus haciéndolos cimbrar y empavore-
ciendo a los presentes que jamás sospecharon semejante
fuerza. Es como si Cristo corriera a los mercaderes del tem-
plo preguntándoles qué han hecho con la casa de su padre.
A Luis Enrique Ramírez, Elena Garro le causó una impresión
muy honda y duradera. Cuando la escritora regresó a París,
el reportero sin recursos quiso enviarle su sueldo porque
Elena siempre vivió en el hambre (dentro de un lujoso abrigo de piel de pantera que le sentaba muy bien), siempre se
sintió perseguida, siempre dependió de la dádiva. "¿Con qué
voy a pagar la cuenta?" es una pregunta constante en su vida
y en su obra. (Los que podían pagarla tenían que ser multi-
millonarios, porque Elena siempre se quedó en el Beau Riv-
age de Lausana, el Plaza de Nueva York, el Georges V de
París.) Los demás eran responsables, tenían que sacarla adelante a ella, a su hija y a sus gatos. Además de su imperio intelectual, Elena Garro ejercía un atractivo sexual muy poderoso y lo sabía, jugaba con él y se complacía en su cuerpo de
muchachito delgado, de piernas largas (tan hermosas como
las de Marlene Dietrich), su sonrisa y su risa y la invitación y
el espanto que alternaban en sus ojos. Ser rubia fue su obsesión. Si uno contara las veces que aparece la palabra rubia y
güerita en su literatura, serían infinitas. En *Reencuentro de personajes* (Grijalbo, 1982), un pelo negro encontrado al borde
de la tina le produce un horror indescriptible. "Un pelo negro, decían en su casa, y sabían que pertenecía a un extraño,
ya que en su familia todos eran rubios. La presencia de un
pelo negro siempre era una amenaza." Los pelos negros son
los de los criados que finalmente pertenecen a otra clase social. Establecer con ellos un lazo es una condescendencia y

una promiscuidad indigna. Elena, sin embargo y a pesar de la repugnancia que le produce Ivette, la cocinera de *Reencuentro de personajes*, la vuelve su confidente en París. En México, también considera que Ignacia, una sirvienta, es traidora por antonomasia pero cae en lo mismo, busca su complicidad.

## La peor maldición

Ella es la heroína de sus novelas: la Verónica de *Reencuentro de personajes*, la Mariana de *Testimonios sobre Mariana* (Grijalbo, 1980), la Inés de *Inés* (Grijalbo, 1995), la que todos miran, la autora de los días, el campo de batalla, la causante de las desgracias, el centro mismo del universo.

Muchos la amaron con pasión sólo para convertirse en los dislocados personajes de su narrativa, hombres burdos, groseros, que la utilizaron sin comprenderla jamás. La peor maldición para un amante es convertirse en personaje de ficción de Elena Garro. Los retratos que hace de sus sucesivos pretendientes son despiadados y, sin embargo, algo tienen de verdad. Auténtica expositora de la psicología femenina, Elena Garro, al seducirnos, defiende a las mujeres del mundo, sin siquiera proponérselo. Mucho más lúcida que la mayoría, sensible hasta la exacerbación, Elena, caprichosa, exigente, merecedora de todas las ofrendas, jamás olvida que es mujer y reúne todas las características que hacen que un hombre quiera envolverla en su abrazo y protegerla. En 1957, cuando el terremoto que tiró en el Paseo de la Reforma el Ángel de la Independencia, esa alta columna coronada por una ángela dorada, de todos los que asistían a una fiesta en casa de la poetisa Guadalupe Amor, Elena Garro fue la que más resintió la catástrofe. Presa de un verdadero ataque de histeria pretendía aventarse temblorosa por el balcón. Mientras Guadalupe Amor conservó una calma soberana frente al desastre, Elena se desquició. Los demás invitados intentaron calmarla. Cinco horas después, todavía temblaba como hoja al viento.

## El amor a los campesinos

Sujeta a depresiones profundas, las cóleras de Elena Garro fueron sagradas sobre todo cuando se trató de defender a los campesinos de Morelos, de Ahuatepec, de Atlixco, de Cuernavaca. Amiga del entonces jefe del Departamento Agrario, Norberto Aguirre Palancares, Elena Garro se la pasó en la Secretaría de la Reforma Agraria de la ciudad de México, arreglando los asuntos de límites de tierras y de escrituras, y como éstos tardaban varias semanas, alojó en su casa no sólo a los campesinos que no tenían ni casa ni comida, sino al líder de los copreros, César del Ángel, un gandalla que le dio de cocos y que nunca le agradeció el asilo.

Ahora en México ya no se habla tanto del reparto de tierras pero a partir de los cuarenta y a lo largo de los cincuenta y los sesenta era de lo único que se hablaba, de la entrega de la tierra, tanto que se decía que México ahora estaba repartiéndose por pisos. Se daba la tierra pero no la maquinaria, no había con qué cultivarla y los dueños recibían tierras exhaustas, difíciles de trabajar. Fuera del discurso demagógico, a los campesinos el gobierno en turno los trataba como basura y jamás resolvía sus asuntos. En las dependencias oficiales, los indígenas venidos desde su tierra esperaban horas, días y semanas, durmiendo en la calle, amontonados, envueltos en su sarape, la cabeza escondida bajo su sombrero de paja.

Elena se indignó y se convirtió en su defensora y les exigió a gobernadores, a banqueros, a terratenientes la devolución de las hectáreas de tierra que les habían expropiado para construir sus casas de campo con alberca en Cuernavaca, *a sunny place for shady people*. Justiciera, blandía su espada de fuego y era un espectáculo verla decirles sus verdades a los funcionarios públicos. Valiente como pocos, los ponía a temblar con su inteligencia y su capacidad de convocatoria.

## Una, comunista; la otra, monárquica

Era lógico que Elena Garro y su hermana Devaki se preocuparan por los campesinos porque su infancia transcurrió en Iguala, Guerrero, un pueblo de tierra caliente (casi de jungla) cercano a la playa de moda: Acapulco. Devaki entró al Partido Comunista siguiendo a su marido el pintor Jesús Guerrero Galván, pero Elena, monárquica y muy religiosa, muy pronto condenó el comunismo y buscó otros cauces para ayudar a los demás. Verdadera Juana de Arco, fue ella quien hizo todos los trámites y el papeleo burocrático para los pobladores de Ahuatepec, un oasis en el que florecen las bugambilias, el maíz, la caña de azúcar, el arroz y el frijol. Elena luchó como poseída para que recuperaran la tierra que antes les había dado Emiliano Zapata.

*Ahuatepec y los campesinos*

Alguna vez la acompañé con Javier Rojo Gómez, Elvira Vargas y su hermano Albano, a la casa de campo que tenía en Ahuatepec el banquero Agustín (Tintino) Legorreta, a quien quería expropiarle la finca para dársela a sus legítimos dueños: el pueblo. Durante todo el trayecto por la vieja carretera a Cuernavaca nos habló de Fernando Benítez, director del suplemento cultural de *Novedades, México en la Cultura,* a quien le había agarrado verdadera tirria, tanta que estaba escribiendo una obra de teatro pitorreándose de él y su forma ampulosa de hablar. "Todo lo dice redicho." Intenté defenderlo y le pedí que recordara la frase de Goethe acerca de que el que se afana en la tarea está salvado, porque Benítez era un hombre muy trabajador. Respondió lanzándome una mirada negra: "Sí, pero si es un idiota no se salva y tu amigo es un idiota". Lo decía con una vehemencia digna de mejor causa. Sobre Benítez escribió una obra: *Benito Fernández.* Acostumbraba fijar sus odios en sus obras. Así al poeta español Tomás Segovia lo metió en *Los recuerdos del porvenir* convirtiéndolo en boticario. A Octavio le divertían mucho esas vendettas literarias de Elena, sin pensar que años más tarde también a él lo trasladaría a sus novelas convirtiéndolo en un sombrío personaje masculino, convencional y arribista y que además inspira miedo: el Augusto de *Testimonios sobre Mariana*.

Ese día (memorable para mí porque Elena volvía mágico todo lo que tocaba) asistimos a una reunión con campesinos que después nos agasajaron con una barbacoa, y tanto a Elvira Vargas como a mí nos impresionaron la fuerza de carácter de Elena y la confianza con la que se le acercaban los campesinos. Elvira Vargas era mucho más realista que yo, tenía los pies en la tierra, y sin embargo siempre fue sensible al encanto de Elena. La verdad, a mí me tenía subyugada. Cuando me pidió que saltara la barda de la finca del banquero Legorreta para correr a abrir la puerta principal, obedecí a ciegas, sin que me atemorizara el ladrido de los perros guardianes. El imperio que Elena ejercía sobre sus seguidores era absoluto.

Los campesinos de Ahuatepec la miraban como a un Emiliano Zapata femenino y les parecía lógico que ella enarbolara su bandera y marchara al frente de su comitiva. Alguna vez que Elena llevaba un abrigo de piel a una audiencia le pregunté si no le parecía inapropiado, y me respondió: "No soy una hipócrita; que me vean tal y como soy, que me conozcan tal y como soy. No tengo nada que esconder, a diferencia de otros sepulcros blanqueados, escritores que se fingen indigenistas y en el fondo son racistas; juegan un doble juego porque se fingen salvadores de los indios pero están muy contentos de ser blancos y rubios. ¡Qué gran asco me dan! Si yo soy dueña de un abrigo de pieles, me lo pongo donde sea y cuando sea. No lo voy a esconder".

Naturalmente, como Elena Garro era deslumbrante, Tintino Legorreta se enamoró de ella y ella aceptó –para mi sorpresa– ir a cenar con él en más de una ocasión. Elena suscitó grandes pasiones, la más célebre, la de Adolfo Bioy Casares, quien declaró en Buenos Aires que la Garro era la mujer que más había amado en su vida, independientemente de la escritora Silvina Ocampo –su esposa y hermana de la célebre Victoria–, quien siempre aceptó los flirts mundanos de su marido.

## La Juan Rulfo femenina

Con razón pudo escribir obras ligadas al campo y a la vida rural, cuentos y piezas de teatro de gran envergadura, notables por su autenticidad. Al igual que Juan Rulfo, Elena Garro sabía reconocer la voz de la tierra.

### La fiereza del tigre

Rubia, con ojos cafés que según Octavio Paz tenían la fiereza del tigre para adquirir, al minuto siguiente, la súplica y la dependencia del perro, Elena Garro fue sin lugar a dudas una mujer singular. Había algo maléfico en su mirada. Siempre en peligro, a su vez se volvió peligrosa. Su cabeza era su campo de batalla y allí se encontraban sus buenos pensamientos y sus malas intenciones. Tenía lo que suele llamarse duende, ángel, y que va mucho más allá que el *sex appeal* estadounidense. Su magnetismo era el del sol. Como lo sabía, se vestía con todos los colores del sol, del ocre al amarillo, y entraba a las vidas como un rayo de sol, aunque claro, los rayos de sol pueden calcinar y dejar en los huesos. Amarrada a sí misma, centrada en su yo, su prosa también era solar como en *Los recuerdos del porvenir, La semana de colores* y *Un hogar sólido,* y reiterativa y lacia en las novelas de los últimos años: *Testimonios sobre Mariana, La casa junto al río, Reencuentro de personajes, Inés, Y Matarazo no llamó.* Fue perdiendo fuerza al convertirse en una larga recriminación en contra de Octavio Paz, el verdugo, el acusador, el poderoso, el Augusto que todo lo puede frente a una criatura inerme e inocente, de rubia cabellera (ella misma). Jamás abandona el evidente tono autobiográfico, ya que después de *Andamos huyendo, Lola,* Elena habla de sí misma como de una niña indefensa subida en el árbol de la manzana del bien y del mal, nunca deja de llamarse "güerita" –el serlo le resultó indispensable–, y siempre se considera una víctima y actúa en consecuencia.

## Competir con Octavio Paz

La época de su magnificencia se sitúa entre los cuarenta y los sesenta. Guapa, provocativa, Elena retaba a los hombres porque vivía la vida como un desafío cotidiano. Estimulante, fue siempre el centro de la conversación y en eso competía con Octavio Paz. Cuando estaban los dos presentes, era Elena Garro la que atraía todas las miradas y era a ella a quien escuchaban por su virulencia y porque acosaba a sus presas. Se crecía a la hora de la discusión, alzaba la voz y hablaba a veces como el oráculo de Delfos, pulverizando al enemigo. Octavio entonces se iba a otra pieza y desde allí, tras de la puerta, disfrutaba la alocución de Elena, se reía a solas porque no quería enemistarse con el castigado pero no podía dejar de admirar a su incendiaria mujer. Elena no se tocaba el corazón hasta dejarlo vencido y en esas ocasiones Octavio Paz la miraba con una admiración desmedida. A él le fascinaban las grandes escenas de su mujer en las que él, claro, no era el blanco de un parlamento aniquilador. Verla crecerse en el escenario era un espectáculo grandioso porque, un minuto después, Elena volvía a adquirir la voz baja y frágil que conseguía que todos los que querían oírla se acercaran a ella, porque sus juicios sibilinos y mordaces hacían las delicias del mundo intelectual. Malévola, alguna vez Carlos Fuentes, al saber que Elena se encontraba en Cannes, comentó que era tan grande el poder de su veneno que se habían intoxicado hasta los bañistas en el mar de Mármara.

## Los sucesos del pueblo

Arnaldo Orfila Reynal organizó en el Fondo de Cultura Económica un homenaje a Rómulo Gallegos. Don Rómulo regresaba a su patria Venezuela después de una larga temporada de exilio en México. Como el expresidente Gallegos era un intelectual profundamente ligado a su pueblo, todos los discursos versaron sobre un solo tema: la democracia y la injusticia social. De pronto, sucedió algo inusitado. En la gran sala de actos del Fondo de Cultura Económica en la avenida Universidad, irrumpieron treinta indios con sombreros de petate, guaraches, calzones de manta y, tras de ellos, la señora Elena Garro de Paz. Cuenta Elena: "En la salota estaban todos los señores intelectuales, y cuando me vieron con todos los inditos, no me dieron ni la mano; todos muy elegantes los intelectuales con sus whiskies en la mano y unas señoras que escriben mucho y muy mal. Sólo pelaban los ojos. Los inditos que habían entrado de puntitas se quedaron en un rincón, su sombrero en la mano. Uno de los oradores hablaba de 'la pluma al servicio del pueblo…' 'la justicia social…' 'la revolución…' 'la tierra es de quien la trabaja…' y los campesinos asentían con la cabeza: 'Eso sí que está bueno… Está muy bueno… Debimos venir antes…' Una vez terminados los discursos, me acerqué a uno de los intelectuales y pedí que les dijera a todos que firmaran una petición para ayudar a estos indios a recuperar sus tierras. El intelectual me dijo: 'Dirígete a la presidencia de la República'. '¡Pero si hace dos años que lo hago!' Se dio la media vuelta y me dejó. Todos los intelectuales se hicieron grupos, se pusieron a hablar entre ellos y le dieron la espalda a los campesinos. Entonces me dirigí al director del Fondo: 'Señor Orfila, ¿no les puede pedir firmas, por favor, a sus amigos?' Orfila me dijo que no, Gallegos me dijo que no, él no se podía meter en los asuntos internos de México y esto me pareció más comprensible. En fin, todos se rajaron y nadie quiso firmar. Por eso te digo que si los intelectuales son revolucionarios, yo soy antirrevolucionaria. Nos salimos. ¡Hombre! ¡Estos indios nunca han tenido un par de zapatos! En la calle estaban todos los coches de los desgraciados intelectuales, los banqueros y los funcionarios de Relaciones Exteriores, los políticos cultos, los tigres con jaquet, los cocodrilos con frac y los chacales con smoking. Yo pregunté a los indios: '¿Quién sabe desinflar llantas?' Todo el mundo sabe desinflar llantas. Así es que nos pusimos todos a ponchar las llantas. De pronto se acercaron dos choferes de Relaciones Exteriores: '¿Qué pasa aquí?' Yo los conocía, Antonio y Román. Les conté lo que había pasado: '¡Fíjense, Antonio y Román, que han corrido a estos indios!' Ellos me contestaron: '¿Cómo no los van a correr si son una punta de sinvergüenzas?' Los choferes vestidos de negro se quitaron el saco y la gorra y fregamos cadillaques y mercedes benz".

## La semana de colores

Los nombres de los personajes de sus cuentos y obras de teatro, Juan Cariño, Perfecto Luna, Ventura Allende, Francisco Rosas, son un acierto poético imposible de olvidar. El libro de cuentos *La semana de colores* (Universidad Veracruzana, 1964) es un surtidero de ideas, de poesía y de nombres casi tan seductores como las situaciones en las que Elena mete a sus personajes. Sergio Pitol no vacila en decir que "La culpa es de los tlaxcaltecas" es el mejor cuento de la literatura producida por mujeres en México. Laura es la esposa del convencional Pablo Aldama y tiene a su servicio dos criadas: Josefina y Nachita, confidente de Laura, quien, infeliz en su matrimonio, cuenta con el apoyo de la sirvienta. A Pablo lo único que le interesa es la política y escalar en el gobierno del presidente Adolfo López Mateos (1958-1964). Laura se siente prisionera bajo la mirada de su suegra, que vive con la pareja. Sin embargo, logra burlar su vigilancia y a solas, en su recámara, se remonta a una vida interior en la que su marido no es el ambicioso y antipático Pablo Aldama, sino un indio imaginario y maravilloso que además la acompañó de niña porque es su primo.

Bueno, ni tan inventado, porque el azteca tiene brazos, pecho, sexo y es mucho más guapo que Pablo. Por amor al indio, Laura escapa de la cotidianidad, las pretenciosas exigencias de Pablo, las acusaciones de la suegra, y se escapa a un mundo forjado por sus lecturas de Bernal Díaz del Castillo. "Pobre hijo mío, tu mujer está loca", se lamenta la suegra. Marido y médico deciden que Laura vive fuera de la realidad y la persiguen con las secreciones verdosas de su envidia, su cólera y su falta de imaginación. Nadie la sigue salvo Nacha, su cómplice, que recoge los restos de la batalla, la sangre, el sudor, las huellas del fuego. Sabe que su patrona es traidora como los tlaxcaltecas que se aliaron con los españoles. Laura traicionó al indio al casarse con el pesado y materialista Pablo Aldama. Ella es una paloma de oro, una mariposa de obsidiana, una palabra de amor, y mientras los dos racionales, marido y médico, los de la cama sin chirridos, la cabeza sin pájaros, se quedan jadeando de impotencia en la otra orilla, Laura escapa, se disuelve; "cuando ya no quede sino una capa transparente, llegará él y las dos rayas dibujadas se volverán una sola y yo habitaré en la alcoba más preciosa de su pecho". "Se escapó la loca", informa la suegra que también confirma que la maléfica criada Ignacia se ha ido sin cobrar su sueldo.

## Los recuerdos del porvenir

*Los recuerdos del porvenir* de Elena Garro es una novela excepcional y Emmanuel Carballo la sitúa al frente de toda la literatura femenina. Francisco Rosas, Julia Andrade, Isabel Moncada son personajes únicos dentro de este mundo de fantasías colectivas, pero el mayor personaje de todos es una piedra que conserva en su inmovilidad la memoria del pueblo de Ixtepec.

"Aquí estoy, sentado sobre esta piedra aparente. Sólo mi memoria sabe lo que encierra. La veo y me recuerdo, y como el agua va al agua, así yo, melancólico, vengo a encontrarme en su imagen cubierta por el polvo, rodeada por las hierbas, encerrada en sí misma y condenada a la memoria y a su variado espejo. La veo, me veo y me transfiguro en multitud de colores y de tiempos. Estoy y estuve en muchos ojos. Yo sólo soy memoria y la memoria que de mí se tenga."

## Un regalo para cada hora

Elena detiene el tiempo. Así como en su casa en Iguala un criado paraba todos los relojes a las nueve de la noche para volver a echarlos a andar en la mañana, Elena recurre a su infancia en el trópico para mover a sus personajes, entre quienes no podía faltar Boni, el único hombre al que amó entrañablemente. Como prueba de este amor que se guardaban, Elena recuerda cómo el 18 de agosto, día de su santo, le enviaba con su criado don Félix un regalo cada hora. "Tal vez porque adivinó que luego en el mundo nadie iba a regalarme nada y quiso compensarme", le confiesa a Emilio Carballido.

*Un alucinante juego de espejos*

Para Margo Glantz, *Andamos huyendo, Lola* es una novela de persecución y de huida en un juego alucinante de espejos en un departamento de Nueva York. La pareja madre e hija tienen una relación eterna. A partir de esta novela la violencia psicológica, la vida en el exilio, los malos entendidos, la sordidez, la traición, son constantes en todas las fantasías de Elena Garro, que se van diluyendo hasta volverse francamente malas. Salvo el epígrafe de la Chata Paz: "Detrás de cada gran hombre hay una gran mujer, y detrás de cada gran mujer hay un gran gato", la escritura de Elena está marcada por lo que significa vivir fuera de su casa, lejos de su medio familiar, de sus amigos, de sus costumbres cotidianas. Huir tiene que ver con la tortura, la violencia y la muerte.

"Engatusar" es el verbo que mejor puede aplicársele a Elena, que durante la vida entera hechizó a cuanto varón se le ponía enfrente.

Toda la vida, Elena ha hecho público lo privado.

"Con Octavio fui un gran caballero. Le cedí mi lugar.

"¿El Premio Nobel a mí? ¡Uy no, hombre! Fui una muchachita majadera, muy majadera. Él cuidaba su carrera, caravanas aquí, caravanas allá. Buscó siempre el ascenso. Yo no he hecho más que meter la pata."

*La mexicana más estudiada en Estados Unidos*

Es difícil separar la obra de la vida de Elena Garro porque, más que la de otros escritores, su obra es autobiográfica y porque su vida –más que la de otros escritores– suscita el morbo y la curiosidad. Claro, el hecho de haber estado casada con Octavio Paz es primordial. Elena Garro es, al igual que Sor Juana Inés de la Cruz y Rosario Castellanos, una de las escritoras más estudiadas en Estados Unidos; pero como los investigadores no pueden remontarse al siglo XVII y permanecen a la orilla del tiempo virreinal deshaciéndose en conjeturas y, en el caso de Rosario Castellanos, Chiapas es todavía un mundo por descubrir y a Rosario se le tachó de "indigenista" (por lo tanto de menor), Elena Garro acaba siendo el foco de mayor atención, aquél en torno al cual giran ansiosas las palomas nocturnas de la literatura. Y se hacen cruces y se queman y no acaban de entenderla.

*Complejo de persecución*

Curiosamente, Elena, la que acosaba a políticos e intelectuales, siempre vivió el acoso, conservó hasta el final de sus días lo que hoy llamamos complejo de persecución. Y se lo comunicó a su hija, Helena Paz: "Me roban, me atacan, no reconocen mis méritos, me odian, me quieren eliminar, me atosigan". Alguien caminaba tras ella en la calle, alguien la iba a asaltar en la primera esquina, alguien la malquería, alguien deseaba su desgracia. Perseguidora perseguida, acogía en su hogar a los que son abandonados y hostilizados y esperaba siempre un desenlace fatal. Era capaz, en cualquier circunstancia, de establecer una complicidad inmediata. Sentía piedad por los desplazados, los delincuentes, los sin ley, y los acogía, quizá también porque ella quería vivir al margen de la ley. Si la opulencia podía considerarse un delito, ella quería vivir en la opulencia, en el lujo. Gastaba todo. Consumía todo. Exigía. Lloraba. Imploraba. Y al minuto siguiente amenazaba. Sus contradicciones la volvían fascinante. Asomada a la ventana de su casa de Virrey de Alencastre en Las Lomas (que por cierto pertenecía al abogado defensor Raúl Cárdenas), señalaba un automóvil estacionado: "Mira, me están vigilando". "¿Cómo lo sabes?" "Estoy segura. Hace días que me siguen. Es un complot del gobernador X en contra mía."

125

Tenía una devoción absoluta por las forasteras; hablaba de la extranjería, de la no pertenencia y de la nostalgia como de virtudes cardinales. Y sus personajes femeninos ejercieron el sortilegio de las viajeras, las que sólo están de paso, sus maletas esperándolas en el lobby del hotel al igual que la cuenta que no pueden pagar. Usan suaves chalinas para protegerse de las corrientes de aire de los países por los que atraviesan y su encanto es infinito. No sé por qué me remiten siempre a la larguísima bufanda de Isadora Duncan que al arrancar su automóvil convertible se enreda en la llanta trasera y la estrangula.

## Las dos Elenas

La personalidad de Elena hizo que Fuentes escribiera su cuento "Las dos Elenas", madre e hija: Elena Garro y Helena, la Chata Paz. Sin embargo la *persona* de la gran escritora mexicana sigue siendo un enigma que ejerce el mismo sortilegio. Si sus novelas después de *Los recuerdos del porvenir* cansan por reiterativas, siguen ejerciendo una cierta fascinación porque es indudable que Elena Garro tenía madera para ser una mujer genial. La hundieron su inconsistencia y su dispersión, el no saber protegerse en contra de sí misma y el creer a pie juntillas que los demás la victimaban. Convertir al prójimo en verdugo es un recurso demasiado fácil y Elena Garro cayó en él, sobre todo a partir del momento en que empezó a huir no sólo de México sino de sí misma.

## Vienes de noche

En 1964 Elena Garro vino a México desde París con Marcel Camus, el director de *Orfeo negro,* para filmar un guión suyo, *Vienes de noche,* en el que participarían Juan de la Cabada y su prima Amalia Hernández. Para esta fecha, Elena Garro había vivido durante muchos años fuera de México y esto la hizo objetivizar la realidad mexicana, verla un poco como espectadora: alejarse para juzgarla mejor.

## El año fatídico: 1968

"A propósito del 68 –dice Elena Garro–, Madrazo me advirtió: 'Mire, Elenita, éste es un complot con muchos vasos comunicantes; usted no firme nada porque si usted firma algo la van a agarrar de chivo expiatorio'. Y no firmé nada y de todos modos me agarraron... Digamos que desde antes, como se dice vulgarmente, ya tenía una larga cola, porque desde 1965 escribía artículos a favor de los campesinos y me imagino que también mi defensa de ellos, en Morelos, debe haber incomodado a más de uno porque estaban matando a los comuneros para quitarles sus tierras.

## Los pies rajados sobre la alfombra blanca

"Nunca se me olvida la imagen de Enedino Montiel Barona, Antonia su mujer, y Rosalía Rosas Duque, la primera vez que fueron a mi casa, toda elegante, en contraste con sus pies rajados como corteza de árbol sobre la alfombra blanca. Nunca he olvidado esos pies como de barro, con esos huaraches deshechos de tanto andar y los pantalones de manta todos remendados. Dije ¡ay, Dios mío!, me voy a ir al infierno, porque yo me he dado la gran vida a costa de esta pobre gente, ellos muriéndose de hambre y yo paseándome con el dinero de ellos. Porque el gobierno era el que pagaba todo cuando Octavio estaba en el servicio diplomático."

## La huida

A raíz de la matanza del 2 de octubre de 1968, Elena Garro se desquició. Había delatado a un sinnúmero de intelectuales. José Luis Cuevas la llamó loca y Monsiváis, en *Siempre!*, "la cantante del año". Sócrates Campos Lemus también la acusó y muchos testigos dijeron que Elena Garro iba a las asambleas en Ciudad Universitaria a gritar: "¡Madrazo, Madrazo!", porque quería imponer a Carlos J. Madrazo, exdirigente del PRI, como líder político del movimiento.

Elena abandonó su casa de Alencastre y se escondió en una casa de huéspedes en compañía de la Chata. Aterrada, se pintó el pelo de negro, como consta en las fotografías de los periódicos. El secretario de la Reforma Agraria, Norberto Aguirre Palancares, quien siempre la había protegido, ya no pudo hacerlo. Las declaraciones de Elena Garro en los periódicos fueron caóticas:

*Excélsior* publicó: "'Tengo menos miedo al gobierno que a los terroristas. Siempre los aconsejé, inclusive el día que iban a dormir sobre el Zócalo. En todas las ocasiones les dije que ayudaba a pedir la amnistía de los detenidos. Un día que algunos muchachos me dijeron que les pagaban 150 pesos para disparar contra vocacionales, yo les ofrecí pagarles 155 pesos para que no lo hicieran'.

"La exesposa del poeta Octavio Paz también involucró en sus acusaciones al rector Javier Barros Sierra, a quien calificó como cómplice y principal responsable de toda la conspiración que se encunó en la Ciudad Universitaria.

"Localizada en una casa de huéspedes donde se ocultaba, al negar que ella hubiese tenido tratos con los líderes del Consejo Nacional de Huelga, afirmó que más de 500 intelectuales mexicanos y extranjeros –la mayoría empleados de la UNAM y del Politécnico– eran los responsables verdaderos de la agitación. Citó concretamente a Luis Villoro, José Luis Ceceña, Jesús Silva Herzog, Ricardo Guerra, Rosario Castellanos, Roberto Páramo, Víctor Flores Olea, Francisco López Cámara, Leopoldo Zea, Roberto Escudero, Eduardo Lizalde, Jaime Augusto Shelley, Sergio Mondragón, José Luis Cuevas, Leonora Carrington y Carlos Monsiváis, además de numerosos asilados sudamericanos y algunos hippies de Estados Unidos."

*El regreso*

En 1991 Patricia Vega, de *La Jornada,* cita a Carballo, quien recogió las palabras de Elena Garro: "Mis padres fueron José Antonio Garro y Esperanza Navarro, dos personas que vivieron siempre fuera de la realidad, dos fracasados que llevaron a sus hijos al fracaso. A mis padres sólo les gustaba leer y a sus hijos no nos gustaba comer. Ellos me enseñaron la imaginación, las múltiples realidades, el amor a los animales, el baile, la música, el orientalismo, el misticismo, el desdén por el dinero... Mis padres me permitieron desarrollar mi verdadera naturaleza, la de 'partícula revoltosa', cualidad que heredó mi hija Helenita y que los sabios acaban de descubrir. Estas 'partículas revoltosas' producen desorden sin proponérselo y actúan siempre inesperadamente, a pesar suyo. Al final, cuando ya mi padre era muy viejo continuaba asombrado: '¿Todavía no tienes remordimientos de nada?' Era penoso, no tenía remordimientos. Más bien, no los tengo".

"Y Elena Garro –dice Patricia Vega, quien pensaba escribir su biografía–, sin eludir ninguna pregunta, responde con una sinceridad que apabulla y desarma: 'Me fui porque estaba muy enojada con México, en el 68, me dijeron muchas majaderías en los periódicos [...] Tarde o temprano tengo que regresar, porque estaba encaprichada en que no voy y no voy [...] Donde voy, no sé por qué, tengo la mala pata de armar desmadres [...] Tengo diez o quince obras sin publicar [...] ¿Por qué remover cosas que deben estar quietecitas? [...] Nunca me han gustado los intelectuales porque tienen un idioma pesado y antipático [...] Los franceses pensaban en nuestro país como México, sombrero y pum-pum-pum, y Octavio Paz demostró que no era así. Después de la guerra, el español era un idioma muerto que nadie quería hablar, y Paz con su obra logró que volviera a ser un idioma universal [...] Los gatos son mejores que los poetas, son divinos, son poéticos en cada movimiento y no quieren ganar dinero ni becas con eso, como los poetas...'"

Patricia Vega siguió a Elena paso a paso durante su visita a México. La acompañó en su viaje a Monterrey en 1991 e hizo estupendas crónicas de sus homenajes en Bellas Artes, en el mismo Monterrey, en Aguascalientes. Entrevistó, asimismo, a Emmanuel Carballo, que señaló: "Es escritora de la cabeza a los pies, modificante, deslumbrante, innovadora: la literatura era una antes de Elena Garro y es otra después de ella. Ahora, si la comparas con Rosario Castellanos, Elena Poniatowska, Inés Arredondo, Nellie Campobello, María Luisa Puga, Silvia Molina o Ángeles Mastretta, pues serían, en el lenguaje cortesano, las camareras de su Majestad Elena Primera".

## La mejor escritora

Para Silvia Molina, Elena Garro es indudablemente la mejor escritora de finales del siglo XX mexicano: "Sólo bastó para que le reconozcamos su formidable talento escribir dos libros: *Los recuerdos del porvenir* y *La semana de colores*, los más sobresalientes, desde mi punto de vista, de su vasta y compleja obra, pues cultivó lo mismo cuento que novela o teatro.

"*Los recuerdos del porvenir*, armada con palabras que fluyen mágicas y milagrosas, las que deben descifrarse o se esconden o huyen o persiguen, las buenas o las malas, las que pueden transformarse en conos de colores o lagartijas sonrientes, será un libro clásico por los siglos de los siglos, por la escritura cíclica y circular que la sostiene, porque en ella todo se repite, porque es la razón de que los personajes no tengan pasado ni futuro y olviden el presente."

Para Beatriz Espejo, Elena Garro "era una especie de hechicera o alquimista de las palabras. Tenía el don de la creación: todo lo que pasaba por su mente se convertía en literatura".

Patricia Rosas Lopátegui quedó maravillada ante la fuerza del lenguaje de Elena Garro y la lucidez de su análisis sobre la realidad mexicana. "Nunca nadie me había deslumbrado ni me ha deslumbrado como esta escritora. En la década de los ochenta me dediqué a escribir reseñas en *La Semana de Bellas Artes* y en diversos periódicos mexicanos sobre sus novelas y cuentos, que comenzaron a salir después de un largo silencio. Mi pasión por Garro siguió acrecentándose."

## El mítico baúl inagotable

Del mítico baúl inagotable de Elena Garro salieron dos nuevos libros en Ediciones Castillo: *Busca mi esquela* y *Primer amor* en un solo volumen, e *Inés*, así como varias obras de teatro. Patricia Vega publicó en *La Jornada* una carta de Elena Garro dirigida a la investigadora Olga Martha Peña Doria, de la Universidad de Guadalajara: "En cuanto a mí, pues ya ves cómo he terminado, de *clochard*, como se llama en Francia a los mendigos. Cuando me vi obligada a dejar el teatro, no pude volver a pisar uno en muchos años. Ni como espectadora. Me producía una especie de ira que no debía expresar y que me hundía en depresiones profundas. Años después, muchos años después, decidí escribirlo, ya que no podía actuarlo ni vivirlo. Pero no es lo mismo. Yo asistí a la primera lectura de *El Gesticulador* en la Editorial Séneca de Pepe Bergamín. Éramos unas veinte personas. La obra nos dejó pegados a la silla y el pobre de Usigli casi casi lloró de emoción porque le permitieron expresarse".

En la ciudad de México, durante febrero de 1994, se llevó a cabo un espectáculo con tres obras de Elena Garro acompañadas por un interludio con piano y voz. Presentaron *Andarse por las ramas, La señora en su balcón* y *Un hogar sólido*. La dirección estuvo a cargo de Sandra Félix y la producción la hizo NET, el Núcleo de Estudios Teatrales.

Hoy la partícula revoltosa, que produjo desorden sin proponérselo y actuó siempre inesperadamente a pesar suyo, divide el cielo entre insolados y apagados, castiga planetas, rivaliza con la luna y se codea con ángeles rubios e intangibles como ella, le falta el respeto a Dios sin proponérselo y cae en las herejías más insólitas. Ojalá y del cielo no ande huyendo, cometa, como huyó de la tierra para que la Chata, su hija, Helena, pueda encontrarla más tarde al lado de Faustino el zapaterito de Guanajuato, Nachita, Lucía la extranjera, Candelaria, Rutilio y los treinta y siete gatos encabezados por la pareja primigenia de Picos y Lola.

Hoy la partícula revoltosa, que produjo desorden sin proponérselo y actuó siempre inesperadamente a pesar suyo, divide el cielo entre insolados y apagados, castiga planetas, rivaliza con la luna y se codea con ángeles rubios e intangibles como ella, le falta el respeto a Dios sin proponérselo y cae en las herejías más insólitas. Ojalá y del cielo no ande huyendo, cometa, como huyó de la tierra para que la Chata, su hija, Helena, pueda encontrarla más tarde al lado de Faustino el zapaterito de Guanajuato, Nachita, Lucía la extranjera, Candelaria, Rutilio y los treinta y siete gatos encabezados por la pareja primigenia de Picos y Lola.

# Rosario del "Querido niño Guerra" al "Cabellitos de elote"

■

Las mexicanas solemos girar en torno al amor como burras de noria, insistimos en un rey Salomón que nos bese con los besos de su boca, nos diga que nuestros pechos son gemelos de gacela, nuestro vientre un montón de trigo cercado de lirios y que bajo nuestra lengua hay un panal de leche y miel. Se nos va la vida en ese gran engaño que es la esperanza. Nos empeñamos en los lirios hasta el momento de subir al cielo, tomarlo por asalto y quedar más desmadejadas que la nebulosa de Andrómeda. La bóveda celeste está cubierta de mujeres-estrellas que giran locas como las siete hermanas en la ronda del amor hasta que un buen día el rey Salomón se compadece y las apaga. Elena Garro formó con Octavio Paz *la* pareja ideal, ambos jóvenes, guapos e inteligentes. Pronto su amor se completó con una niña campo de batalla, su cuello torre de marfil, su ombligo taza redonda, sus cabellos manada de cabras, criatura flexible y dulce como una caña, Laura Elena, la Chata, que habría de heredar la inteligencia de sus padres. Padre, madre e hija formaron una trinidad deslumbrante. Al paso del tiempo, el amor se hizo añicos. María Izquierdo se casó a los catorce años con Cándido Posadas (¡qué bonito nombre!), pero su gran amor fue Rufino Tamayo que la dejó con una herida que no habría de cerrarse jamás. Frida Kahlo cultivó su amor por Diego como una inmensa calabaza verde y jugosa, preparándolo para el mejor mole de olla, y él prefirió otras calabazas menos descomunales no porque quisiera dañarla sino porque de niño le enseñaron a probar de todo. Nahui Olin fue víctima de varias fuerzas de la naturaleza pero también del Dr. Atl que así la bautizó después de su desatinado matrimonio con Manuel Rodríguez Lozano. Nellie Campobello, la brava, la luchadora, jamás se repuso de la muerte de Martín Luis Guzmán en

1976. Pita Amor giró en una órbita sólo por ella conocida. El único hombre a quien amó fue Pepe Madrazo, la única mujer, Lola Feliú. Tuvo suerte, ellos la quisieron mejor de lo que ella se quería a sí misma. Rosario Castellanos, nacida el 25 de mayo de 1925 y muerta en 1974 ("Morir no hiere tanto / nos hiere más vivir"), vivió traspasada de amor por el padre de su único hijo, Gabriel. Virginia Woolf, Simone Weil y Simone de Beauvoir fueron sus gurús así como los indios de Chiapas sobre quienes escribió textos crudos, dolorosos y realistas en los que se hace evidente la espantosa violación de los derechos humanos que allí ocurre.

*Por escribir sobre los indios*

A nadie le gusta la denuncia. ¡Qué lata con la justicia social! Hace mucho fueron condenados los malos olores de las buenas intenciones. Por escribir sobre los indios y sus conflictos, a Rosario se le consideró provinciana y caserita. Por su parte, de todas las escritoras mexicanas, Rosario es la que tiene menos afán de notoriedad. Al contrario, insiste en que varios de sus poemas le queman la cara de vergüenza y su autocrítica es feroz.

"¿Mujer de ideas? No, nunca he tenido una. / Jamás repetí otras (por pudor o por fallas mnemotécnicas). / ¿Mujer de acción? Tampoco. / Basta mirar la talla de mis pies y mis manos. // Mujer, pues, de palabra. No, de palabra no. / Pero sí de palabras. / Muchas, contradictorias, ay, insignificantes, / sonido puro, vacuo, cernido de arabescos, / juego de salón, chisme, espuma, olvido. // Pero si es necesaria una definición / para el papel de identidad, apunte / que soy mujer de buenas intenciones / y que he pavimentado / un camino directo y fácil al infierno."

En uno de sus últimos poemas, "El retorno", insiste:

"Superflua aquí. Superflua allá. Superflua / experimenté igual a cada uno / de los que ves y de los que no ves: / Ninguno es necesario / ni aun para ti, que por definición / eres menesterosa."

## Una actitud admirable

En su *Crónica de la poesía mexicana,* José Joaquín Blanco escribió: "Rosario Castellanos escribió mucho y sus textos son acaso más valiosos por los obstáculos a los que se atreve que por sus resultados. Sus retos narrativos y poéticos fueron grandes y los realizó con una actitud admirable tanto en la crítica a la vida en Chiapas como a la situación opresiva de la mujer mexicana en los cincuentas que ella padeció, ninguneada en los medios culturales por gente harto inferior a ella".

En un país indigesto de cultura oficial, las mujeres son mucho más libres que los hombres.

## Cartas, cartas, cartas

Hasta la fecha, ninguna escritora mexicana había dejado un documento tan enriquecedor como estas cartas que le escribe a Ricardo Guerra de julio de 1950 a diciembre de 1967, con una interrupción de 1958 a 1966, año en que una Rosario deshecha se va de profesora visitante a Madison, Wisconsin.

Ojalá contáramos con documentos semejantes de Sor Juana Inés de la Cruz; pero, claro, entre las dos escritoras median trescientos años y la informática de nuestro siglo. Al menos la carta a Sor Filotea de la Cruz y los sonetos cortesanos a la Divina Lysi son suficientemente reveladores para que no tengamos que lamentarlo demasiado.

Las cartas de Mariana Alcoforado son muestra suprema de epistolario amoroso, que no correspondencia, pues a diferencia de Eloísa, quien consigna la voz de Abelardo, la monja portuguesa canta el amor a una sola voz. También Rosario Castellanos canta su amor en un solo sostenido y doliente que conforma su biografía.

De Virginia Woolf tenemos una correspondencia de una extraordinaria complejidad. Virginia nunca olvida que es inglesa y por lo tanto no pierde la ironía, la flema y la distancia frente a los acontecimientos. Nos resulta demasiado intelectual.

Con Rosario Castellanos podemos identificarnos todas las mujeres nacidas en los treinta y cuarenta, y estas setenta y siete cartas (de ellas, dos de Gabriel a su papá y dos de Rosario a Gabriel), su lucha con el ángel que es ella misma (nunca palabra más apropiada para calificarla: ángel), nos la hacen irremplazable. Es cierto, cada ser humano es irremplazable, pero unos lo son más que otros y Rosario lo es totalmente.

Las cartas de Rosario son devastadoras, estrujantes, obsesivas, oro molido para psiquiatras, psicólogos, analistas, biógrafos y, ¿por qué no?, críticos literarios. Lo son también para nosotras las mujeres que en ellas nos vemos reflejadas. Las jóvenes ya no: las muchachas sienten rabia contra Rosario, les parece incomprensible su calidad de perseguida, el ninguneo que hace de sí misma, la forma en que se convierte en víctima propiciatoria. Rechazan su llanto y su nostalgia: "Yo recuerdo una casa que he dejado. / Ahora está vacía. / Aquí donde su pie marca la huella, / en este corredor profundo y apagado, / crecía una muchacha, levantaba / su cuerpo de ciprés esbelto y triste."

Sentenciada Rosario se castiga y tiene razón su amiga Guadalupe Dueñas al llamarla "Rosa de llanto".

¿Qué mayor prueba de que muchas mujeres lo apostamos todo al amor que este documento epistolar? Nunca hubo otro hombre en la vida de Rosario: sólo Ricardo, siempre Ricardo. La suya es una inmensa carta de amor y desesperación que dura los diecisiete años de su convivencia y más, porque cuando Rosario venía de Israel solía interrumpir las conversaciones con una pregunta eterna: "Oye, ¿y no has visto a Ricardo?"

*Le voy a decir a usted cómo soy*

Ricardo y Rosario se conocen en México en la Facultad de Filosofía y Letras de la UNAM, en Mascarones, a fines de 1949. Desde su primera carta, del 28 de julio de 1950, los términos son de entrega absoluta. Le habla de "usted" antes del matrimonio. "Mire, le voy a decir cómo soy porque usted no me conoce." Después le habla de tú. Se analiza mejor que cualquier psicoanalista. Se mira débil, hace propósitos de fortaleza; se mira dispersa, hace propósitos de trabajo y los cumple; se mira antisocial, es encantadora, deleita a todos con su conversación. Uno de los rasgos más conmovedores de su personalidad es la conciencia que tiene de su vocación de escritora: "Voy a matarme de trabajo pero voy a ser escritora". Otro, desde luego, es su fidelidad amorosa. Rosario confiesa: "Fui tan perfecta, tan plenamente feliz en los últimos quince días gracias a ti, que esta separación no ha alcanzado a turbarme ni a destruirme. Estoy todavía demasiado llena, rebosante de esta felicidad que me diste; tengo todavía grandes reservas de dicha y espero que no se agoten antes de que tu presencia las renueve".

Se obsesiona: "Todas las noches lo sueño pero es siempre la misma cosa angustiosa; de saber que usted está en alguna parte, de ir a buscarlo y de caminar y caminar y no alcanzarlo nunca". Repite: "Nunca pensé que se pudiera necesitar tanto a nadie, como yo te necesito a ti". Lo raro es que siempre es ella la que se va.

En los años finales de su relación amorosa, 1967, precisa: "Creo que en estos últimos días he tenido una experiencia muy clara de lo que es la fidelidad. Ya ves que me quedé con la miel en los labios porque apenas estaba descubriendo las delicias de la sexualidad […] Yo te amo y eso le da un sentido perfectamente determinado a mi deseo. Mi deseo únicamente lo satisfaces tú. Yo no quiero que nadie ni nada se interponga entre esa nueva realidad que para mí es ahora tan rica y tan importante […] Es muy mi gusto y mi orgullo y mi alegría y mi seguridad de saber que mi cuerpo no conoce nada más que el placer que tú le has proporcionado. Y te aguarda con muchas ganas y con mucha paciencia […] Y piensa en mí ahora no como la esposa que exige el débito conyugal sino como la enamorada que quiere decir con gestos, con actos lo que no se puede decir con palabras".

Podría creerse que nos estamos asomando a una intimidad a la que no fuimos convidados y que la vida de pareja de Rosario no debería exhibirse en las plazas públicas. Rosario misma preservó las cartas al dárselas a Raúl Ortiz en vez de destruirlas. No pensó que la perjudicarían. No lo pensó así Quentin Bell, el sobrino de Virginia Woolf, al sacar a la luz la relación amorosa de su tía con Vita Sackville West; no lo pensaron tampoco Ricardo Guerra Tejada y Gabriel Guerra Castellanos, quienes tuvieron el buen sentido de permitir que se publicaran estas cartas sin ningún tipo de censura. A ellos, a Raúl Ortiz que las conservó, al editor Juan Antonio Ascencio, tenemos que agradecérselo.

*Le escribiré mucho sin esperar respuesta*

En 1950 Rosario viaja a Comitán, donde vive con su medio hermano Raúl, y desde allá escribe a Ricardo. Aunque las respuestas escasean y Rosario no cree merecer su atención, no deja de insistir: "le escribiré mucho sin esperar a que lleguen sus respuestas". Con que él exista basta. Añade con ironía: "Si usted quiere, haga lo mismo". A lo largo de los años se repite la misma queja, Ricardo casi nunca responde y no conocemos sus pocas cartas. Sin embargo, cuando parece que Rosario ahora sí ya entendió y está a punto de la renuncia, le llega una tarjetita amarilla de las que vendían en el correo con el timbre ya impreso, misiva que da al traste con sus buenos, para ella malos, propósitos. Cualquier postalita basta para que ella olvide todo su sufrimiento y responda agradecida. Y en qué forma. Se desborda. Su alpiste se vuelve un haz de trigo. El amor tiene entonces a su más encendida panegirista. Como todos los enamorados, repite la fórmula de encantamiento: "Teamoteamoteamoteamoteamoteamo", sólo que ésta, en su caso, no logra abrir puerta alguna.

*Flor de invernadero*

Sus primeras cartas de Tuxtla y de Comitán son fascinantes porque habla de su tierra, Chiapas, a partir de ella misma. Rosario es una flor de invernadero, una blanca en medio de indios, una terrateniente en medio de desheredados. Más tarde, en 1952, al regresar de Europa, habrá de ir a Chiapas a trabajar por ellos. En sus cartas de 1950 se encuentran los puntos de partida de sus cuentos *Ciudad Real,* de sus novelas *Balún Canán* y hasta de su poesía. En la carta del 7 de agosto de 1950 puede leerse casi textualmente el relato del indio que va colgado en la rueda de la fortuna y que ella describe en *Balún Canán.*

Su apreciación de Tuxtla Gutiérrez es pavorosamente exacta: "pero además el trópico está sorbiéndome, la selva me traga. Tuxtla es una ciudad para la cual el único calificativo posible es éste: chata". De Comitán escribe: "Este pueblo es completamente inverosímil, totalmente improbable". Habla de San Caralampio: "No, no es broma. Así se llama el santo y le tienen una gran devoción y una espantosa iglesia". Le cuenta a su niño Ricardo, a su "querido niño Guerra", su propia infancia, que resulta ser la trama de *Balún Canán:* "Usted sabe que tuve un hermano y que se murió y que mis padres, aunque nunca me lo dijeron directa y explícitamente, de muchas maneras me dieron a entender que era una injusticia que el varón de la casa hubiera muerto y que en cambio yo continuara viva y coleando".

Ya en su segunda carta aparecen los celos. Desborda impaciencia. Hace hipótesis. La asalta la duda. Sufre.

Si para Sor Juana el amor se perfecciona por los celos, en Rosario es al contrario. Sus celos son patibularios, la destruyen y a lo largo de su vida se convierten en un refinadísimo instrumento de tortura que ella misma va puliendo y los demás alimentan con sus chismes. En Ricardo Guerra, los celos de Rosario encuentran al sujeto ideal y una base muy sólida, tan concreta y voluminosa como el Monumento a la Revolución.

"Monstruo" es una palabra frecuente en su correspondencia, las más de las veces atribuida a sí misma. ¿Sería una palabra de la época así como el "grrrrrrrr" de las tiras cómicas para señalar su enojo? Monstruo, monstrua, monstruitos. Le entra "un angustioso deseo de ser perfecta". Escribe: "Quisiera saber bailar y no ser gorda de ninguna parte y gustarle mucho y no tener complejos. Si usted me lo permite y me da tiempo me corregiré. Quiero ser tal como usted quiere que yo sea. Pero no me diga cuáles son mis defectos sino con mucha lentitud. Porque de otro modo me da tanta tristeza tenerlos que me enfurezco y decido conservarlos".

A punto de la crisis, estalla como un fuego de artificio su esperado sentido del humor. Aun así, la imagen que Rosario da de sí misma es lastimera, patética y, para quienes la conocimos, inexacta: "soy tan insuficiente, me siento tan necesitada del calor de los demás y me sé tan superflua en la vida de todos. En cualquier casa a la que voy soy una intrusa, me ven como un bicho raro y desarraigado cuando no como un estorbo".

A Guerra le asegura: "No me siento, bajo tu mirada, como bajo la mirada de los demás, como un insecto bajo un microscopio sino como una persona frente a otra persona, como una mujer frente a un hombre, como tu mujer. Y soy feliz de serlo, de estar marcada por ti para siempre; y no me arrepiento y no me avergüenzo y no niego ante nadie, ni ante mí misma, que soy tuya".

No hay respuesta: "escríbame, mi vida. ¿Qué le cuesta? Aunque sea una tarjeta chiquita diciéndome que está bien y ya. Si lo hace, en el cielo ha de hallar sus tarjetitas postales para que esté contento y consolado. Y si no ya lo pagará con Dios". Salta el autoescarnio: "Pero yo soy indudablemente un monstruo".

*Viaje a España*

En 1950, al concedérsele una beca del Instituto Hispánico, se embarca en Veracruz con Dolores Castro, su mejor amiga, y permanece en España de 1951 a 1952. Su letra redonda, compleja, nerviosa, es endemoniadamente difícil de leer. Ella lo sabe y prefiere escribir a máquina. En la proa del barco SS Argentina se sienta frente a la máquina portátil de Lolita Castro mientras otros pasajeros se asoman a observarla. Describe todo lo que ve en torno suyo, cómo se pasan las mañanas en cubierta y "las tardes subimos a proa a recibir todo el viento contra nosotros". "Hay también piscina en las tardes y cuando uno se aburre demasiado organizan un ciclón." Sus cartas son una preciosa crónica de viaje; describe ahí su relación con Dolores Castro, sus juicios sobre los españoles, sus compañeras en el Instituto Hispánico, su deslumbramiento ante *El entierro del conde de Orgaz,* de El Greco.

Resulta curioso comprobar que, a lo largo de su correspondencia, Rosario no escribió sobre política o problemas sociales. Poco dijo cuando estaba en España, en sus últimas cartas no hay una alusión siquiera a los conflictos del país ni en sus artículos de *Excélsior,* enviados desde Israel, aunque ser embajadora la obliga a tener un buen conocimiento y por lo tanto a hablar y a escribir de política, y muy bien (por algo es inteligente). De eso no escribía, pero actuaba. Muchos caminos anduvo en Chiapas con el teatro Petul entre las comunidades indígenas. Y en su obra es evidente su preocupación por los problemas sociales, que como tales son también políticos.

## La gran revelación

Durante su estancia en España, la gran revelación para Rosario Castellanos es Santa Teresa. Decía: "[A] Dios, lo he perdido y no lo encuentro ni en la oración ni en la blasfemia, ni en el ascetismo ni en la sensualidad". Ahora se abisma en la vertiente mística del amor: "Todo lo que usted me cuenta de que ha estado leyendo su *Imitación de Cristo* coincide con lo que he estado leyendo yo de Santa Teresa y San Agustín. Es que con este problema religioso yo no sé en qué voy a parar. Desde luego la religión es algo que jamás me ha sido indiferente y mucho menos ahora. Con mi corazón tengo un hambre horrible de ella pero cuando trato de acercarme a saciarla se me oponen una serie de objeciones de tipo (¡!) intelectual. Yo que jamás razono, que no tengo ninguna capacidad lógica y sobre todo en este caso ninguna instrucción religiosa, me pongo a criticarla y a parecerme todo absurdo e irracional y por eso mismo inaceptable. Ahora estoy empezando a sospechar que estoy usando para entenderla unas categorías equivocadas. Porque no es con la razón, así en frío, como se puede llegar a ella […] Pero entonces me entró una curiosidad por lo que era la mística y me puse a leer a Santa Teresa. Mire, es uno de los libros que más me han conmovido y que más alcance han cobrado ante mis ojos. Volver a poner frente a uno la humildad y la caridad, con toda su trascendencia, con toda su importancia. Mi primer movimiento fue de total adhesión y el plan de cambiar de vida. Pero, ay, mis propósitos me duraban dos o tres días".

De Europa regresa a México a fines de 1952 y seguramente no se concreta su relación con Ricardo, porque sale de nuevo a Chiapas para permanecer con su hermano Raúl en su rancho de Chapatengo. Allí comete un acto que la asemeja a Sor Juana Inés de la Cruz pero que a mí me parece una autoflagelación espeluznante: se rapa. Más bien dicho, con su anuencia, la rapa su hermano. Para que no se vaya, para que no la vean. Rosario se lo comunica por carta a Ricardo y a mí me suena a broma cruel: "Hoy para entretenernos organizamos una diversión que nos tuvo ocupados toda la mañana: Raúl me rapó, primero con unas tijeras; zas, afuera los mechones de pelo: luego, con otras tijeras más finas, cortarlo hasta dejarlo pequeñito. Por último con la máquina de afeitar. Me dejó la cabeza reluciente, pulida, lisa. Nos divertimos mucho. Y además así no puedo irme, aunque quiera, hasta que me crezca, aunque sea un centímetro, el pelo. A ver qué jueguito se nos ocurre mañana".

Ricardo no ha tenido a bien informarle que se ha casado en 1951 con Lilia Carrillo y que esperan un hijo: Ricky. Mientras Rosario insiste en sus apasionadas misivas (y habrá de insistir siempre, cualesquiera que sean las circunstancias, salvo en 1967 en que de plano pide el divorcio), Lilia y él, becados en París, dejarán a Ricky con Socorro García, madre de Lilia. Tal parece que Ricardo da vueltas y revueltas como la ardilla de la fábula y resulta difícil seguirlo.

*Volver, volver, volver*

En 1954 Lilia conoce al pintor Manuel Felguérez, se separa de Guerra en París, aunque está embarazada de su segundo hijo, Juan Pablo, y regresa a México. (Más tarde, Rosario tratará a Ricky y a Pablito como propios.) Juan Pablo nace en casa de Socorro García, madre de Lilia, mientras Guerra va de París a Heidelberg. Al regresar él a México, se divorcian.

A su vez, Rosario regresaba de Chiapas, de su trabajo en el Instituto Indigenista, dirigido por Alfonso Caso. Volver a ver a Ricardo y casarse es un solo acto: se desposan a los tres meses de su reencuentro.

Rosario se casa con Ricardo en Coyoacán en enero de 1958, a un año de la publicación de su primera novela, *Balún Canán,* y cuando cuenta treinta y tres años. Sale envuelta en tul ilusión y vestida de blanco y coronada de azahares de la casa de Guadalupe Dueñas, en la calle de Puebla 247, que antes fue de Xavier Villaurrutia.

"Una Rosario vestida de blanco por dentro y por fuera, con blancura de alma que a pocos les es dada. Graciosa, aguda, seria o profunda; invariablemente de cristal" la ve Guadalupe Dueñas.

*La vida en común*

Todo está implícito en las cartas aunque no sea ella la que lo cuenta. Lo sabemos porque Rosario es ya una figura pública, circulan biografías, tesis sobre su vida y su obra. Lo sabemos también porque el silencio es terriblemente elocuente. Las cartas nos esconden siempre los momentos cumbres: el del reencuentro en México con Guerra después de su estancia en París con Lilia Carrillo, el matrimonio en 1958, la vida en común, la muerte de la primera hija, los abortos, los intentos de suicidio, el nacimiento de Gabriel, la mudanza a la alta y moderna casa de Constituyentes, frente al Bosque de Chapultepec. Si Rosario entonces no escribe cartas por estar al lado de Ricardo, escribe poesía, cuento, novela, ensayo.

No cuesta trabajo adivinar lo que sucede dentro de la casa de Constituyentes. A veces visualizamos una película de suspenso; otras, una de terror. No es que como toda pareja Rosario y Ricardo se peleen, se dañen, se separen, se reconcilien, hagan propósitos de enmienda y se toleren, sino que, ante la incertidumbre y el rechazo, Rosario opta por culpabilizarse. Pide perdón. En realidad, ella es la única responsable por no saber aceptar, por padecer celos desmesurados, por no entender, por caer en estados de rabia, por reclamar. Ella debe comprenderlo todo, buscar la convivencia y, para no volver a hacer nunca más una escena, recurrir a los tranquilizantes. Se piensa fea, gorda, fodonga, histérica. Con toda razón, él busca en otras lo que no encuentra en ella. Todas las demás han de ser mejores. Rosario no lo satisface porque es un "monstruo". De Ricardo realmente no sabemos sino lo que Rosario nos dice o lo que resulta fácil deducir de las cartas cuando Rosario es explícita. Su desgracia gira en torno a la infidelidad de Ricardo, pero la única responsable es ella. ¿Cómo son las otras? Lilia Carrillo es apenas un fantasma, una aparición momentánea, un único telegrama que avisa que tal día recogerá a sus hijos. Selma Beraud en cambio tiene más presencia y Rosario, que a pesar de todo busca siempre la reconciliación, le escribirá a Ricardo que no acepta viajar con él a Puerto Rico porque no quiere herir a Selma.

Y también se sentirá culpable: "Ojalá que yo no pierda los estribos al volver a México y que la gente que tenga que vivir conmigo no tenga que compartir mis problemas que, en última instancia, son míos y nadie más que yo puede ayudarme a resolverlos".

La atmósfera con la que lidia Rosario en Constituyentes no es precisamente apacible. Se suicida la madre de Lilia Carrillo, Socorro, abuela de los niños Guerra que Rosario cuida, y aunque del suicidio se hable mucho en Constituyentes –a tal grado que hasta Gabriel de cuatro añitos, en uno de sus berrinches, amenaza con quitarse la vida–, todos lo toman con calma.

## La tragedia cotidiana

Nada le afecta más al ser humano que el aprendizaje sentimental, que nos tortura hasta el último minuto de nuestra existencia. La vida amorosa de Rosario es una tragedia porque es trágico no obtener respuesta y empecinarse, revolcarse en la esperanza nunca realizada. Rosario vive esa tragedia cotidiana y sin embargo escribe. Su cerebro dividido en dos lóbulos frontales está en realidad habitado por dos propósitos: uno para escribir, otro para sufrir. Aparentemente no se mezclan. Rosario puede pasar de la más pavorosa escena de celos a su mesa de trabajo. Y no se desfoga sobre el papel. Escribe. No se vuelca en catarsis psicoanalítica. Hace abstracción, traza sus signos; al descifrarse, descifra al mundo.

Por fin, en 1966, Rosario decide salir y aceptar una invitación como *visiting professor* a Madison, Wisconsin. Ha tenido una muy mala época: jefa de Prensa e Información en la UNAM, la afecta la violenta salida del doctor Ignacio Chávez de la Rectoría, obligado por una runfla de estudiantes. Sin embargo, en medio de su tragedia personal que la lleva a la zozobra y al desfallecimiento, a intentos de suicidio y a estancias en el hospital psiquiátrico, a recurrir incrédula y rechazante a psicólogos y a creer que en el Valium 10 "se condensa, químicamente pura, la ordenación del mundo", Rosario Castellanos jamás deja de expresarse, decir, comunicar. En los años cruciales se publican catorce libros entre prosa, ensayo, poesía. Nada valen, no importan; a Rosario se le borra por completo su bibliografía cada vez que descubre una nueva infidelidad.

## El mecanismo del dolor

Es admirable ver cómo en la soledad de Madison un ser tan desbaratado va armándose a sí mismo, aprende a manejar sus depresiones, se da cuenta de lo cíclico de sus estados y se previene contra las caídas. Finalmente, logra desarmar los mecanismos de sus dolores, que son de la inteligencia, aunque hay marcas que no desaparecen en ninguna de sus cartas, la huella de una infancia que regresa continuamente a perseguirla. En Madison aprende a cargarla, el costal de recuerdos y vivencias dolorosas ya no la tira. Simplemente Rosario rehúsa ser víctima.

Una de las cartas de Madison, Wisconsin, la de septiembre 14 de 1966, dice: "A esas altas horas de la noche, me preocupo porque se fue María, porque Gabriel tiene gripa y se puede enfermar, porque pueden suceder tantas desgracias. Luego me doy cuenta de que lo único que estoy haciendo es sacar el bulto a mi verdadero problema, al que me tengo que enfrentar ahora sin ningún paliativo y sin ningún pretexto: ¿soy o no soy una escritora? ¿Puedo escribir? ¿Qué? Como preparar las clases me lleva mucho tiempo, voy a dedicar los fines de semana a eso, en serio. A ver qué pasa. Si no lo soy no me voy a morir por eso".

Para este momento, Rosario ya había escrito sus dos novelas, *Balún Canán* (1957) y *Oficio de tinieblas* (1962), y los libros de cuentos *Ciudad Real* (1960) y *Los convidados de agosto* (1964). En poesía había publicado *Trayectoria del polvo* (1948), *Apuntes para una declaración de fe* (1949), *De la vigilia estéril* (1950), *El rescate del mundo* (1952), *Poemas* (1953-1955 y 1957), *Al pie de la letra* (1959), *Judith y Salomé* (1959) y *Lívida luz* (1960).

En 1961 había recibido dos premios: su hijo Gabriel y el Villaurrutia. Escribía el prólogo a *La vida de Santa Teresa*. En 1962, los críticos habían puesto en sus manos el premio Sor Juana Inés de la Cruz. Desde 1963 sus artículos de crítica literaria aparecían con regularidad en *Excélsior*. Era reconocida: después de la del Centro Mexicano de Escritores le había sido otorgada la beca Rockefeller en 1956, era catedrática en la Facultad de Filosofía y Letras de la UNAM. ¿Será posible que la inseguridad amorosa aniquile lo que debería ser su más íntima convicción: su oficio? Rosario ya ni siquiera se plantea si es buena o mala escritora, lo cual parecería normal, sino si es o no escritora. Se tortura por ello. Quiere comprobarlo a los cuarenta y un años en la soledad de su nueva vida en Wisconsin.

*Pasara lo que pasara, trabajó siempre*

Algo tremendamente conmovedor es ver que Rosario trabajó toda su vida; ni en las peores circunstancias, ni en los momentos más duros eludió sentarse frente a su mesa, acudir a su oficina en el noveno piso de la UNAM, dar su cátedra en Filosofía y Letras, impartir conferencias. Trabajó siempre, pasara lo que pasara, y no es que se obligara o fuera estoica, sino que tenía una enorme disciplina y un sentido feroz del deber. En su discurso del 15 de febrero de 1971, en el Museo Nacional de Antropología, Rosario reitera que el ser que trabaja merece el respeto de los demás, y afirma que en México no es equitativo el trato entre hombre y mujer. En la Universidad de Madison, como tiene demasiados alumnos, el decano decide que una parte debe pasarse a la clase de otro maestro. Ninguno se quiere ir; protestan y finalmente todos se quedan con ella. Rosario posee en la Universidad un séquito de discípulos que la adoran y sin embargo no logra abandonar el lenguaje de la derrota.

La correspondencia de Rosario es un formidable documento vital, un testimonio de primer orden que seduce a las mujeres y a los hombres a quienes les interesa comprender a las mujeres. Después de leerla uno se queda con ganas de comentar, discutir, sacarla del atolladero y, al sacarla, sacarnos también aunque nuestra situación no sea exactamente la misma e incluso creamos que es mejor.

*El humor no abunda entre las escritoras de México*

Las cartas son un proceso liberador y un triunfo, una guerra compuesta de muchas batallas ganadas por ella misma día a día. Me atrevería a afirmar que, si no supiéramos de su prosa ni de su poesía, sus solas cartas harían de Rosario Castellanos un ser humano admirable.

Aspecto notable es el del humor, incluso a costa, o mejor dicho, sobre todo a costa de sí misma, y esto no abunda entre las escritoras mexicanas. Sin embargo, no le gustan los chistes que se hacen sobre su relación con Ricardo y se queja de Sergio Pitol y de Luis Prieto y de que Ricardo quería un Castillo pero se lo dieron con Castellanos, chiste del propio Guerra, que le parece cruel. Antes que ella, María Lombardo de Caso es la única que ha incurrido en el terreno de la ironía. Sólo los inteligentes son capaces de hacer chistes sobre sí mismos. Los tontos son los que repiten chistes ajenos. A Rosario, su inteligencia le hace darse cuenta muy clara de sus procesos y muy pronto aprende cómo penetrar en sí misma; pero no sólo en ella, sino en su propio hijo, Gabriel, al que conoce al derecho y al revés no porque esto le sea dado o porque su hijo se le parezca como gota de agua, sino porque es una observadora fuera de serie. Su percepción de los demás es, más que penetrante, deslumbrante, y por ello sus críticas literarias resultan muy lúcidas, muy afortunadas. Al único que nunca logra ver, porque lo ama de amor loco y ciego de enamorada loca, sorda y ciega, es a Ricardo. Ricardo se le escapa en todos los sentidos.

*Gabriel, el verdugo*

El viaje de su hijo Gabriel a Madison es para Rosario un prodigio, pero nunca tanto como para nosotros lo es la lectura de las cartas de doña Rosario Castellanos enviadas a Ricardo Guerra a partir del 5 de enero de 1967. Digo doña Rosario Castellanos porque no puede uno menos que quitarse el sombrero ante su valentía, el amor con el que trata a su hijo y, de paso, también a Ricardo Guerra.

Gabriel, el niño de cinco años, repite exactamente la misma conducta, pero ahora la "otra" no es Selma, la nueva "pareja" de Ricardo, sino su propia madre, que no merece regresar a la casa de Constituyentes, que no debe tener un Volkswagen, que es una criada a la que su padre corrió a cachetadas. Rosario lo escucha todo con una suprema ironía y con un conocimiento de la gente menuda que ya quisieran los psiquiatras. Aplica su terapia, más eficaz que cualquiera se haya dado en hospital alguno. Su sentido del humor no la abandona ni tratándose de su hijo, no la abandona ni en las peores circunstancias, no la abandona ni cuando el niño, haciéndose eco de otras patizas, la patea una y otra vez mental y emocionalmente o, como dice la propia Rosario, se dedica a chuparle el hígado hablándole de un suceso que Ricardo no ha tenido el cuidado de informarle. Rosario no acepta, como una abnegada madrecita mexicana, el sufrimiento que su hijo le inflige, al contrario, lo combate con una nobleza apabullante. Si Gabriel ha de salvarse ha de ser por su madre, y precisamente aquí y ahora. Rosario toma el toro por los cuernos. Nunca deja de observarlo. Su inteligencia del corazón es tan vasta que resulta muy difícil entender cómo es posible que no la haya logrado en su relación de pareja. La única explicación parece ser la de que Guerra no la quería, nunca tuvo voluntad ni capacidad de amarla, y para que ella lo comprendiera debió embarrarle en la cara no una sino varias veces otras certezas, todas ellas mujeres. Rosario no podía amarlo sino a él; era demasiado entera.

Rosario no sabe lo que ha sucedido en su casa de México durante su ausencia. Gabriel, con sus cabellos de elote y su carita angelical, es su informante.

¿Cómo sobrevive un ser humano cuando se le patean sus más íntimas certezas? ¿Cómo sobrevivió Rosario? No se puede aniquilar a nadie sus razones de vida, las más profundas, la fe en sí misma, en su cuerpo, en su trabajo. A Rosario se las aniquilaron, quedó tendida sobre el tapete bajo el piecito blondo de un querubín y logró no morir.

Tan es así que un año más tarde puede escribirle a Ricardo: "Bueno, a Gabriel, no sé por qué lo persiguen los bichos y lo pican sin cesar. Ponemos insecticidas de una marca y otra y amanece con unos conatos de cuernos en la frente (han de ser herencia de su mamá) porque algo le pica en la noche. Y ayer me apostrófo con el más dramático de sus acentos: ¿Para qué ha nacido? ¿Qué he hecho yo por el único hijo que pude tener? ¿Siquiera he podido defenderlo de los insectos? ¿Qué voy a hacer para que los insectos desaparezcan? Eso y el otro día que yo tenía una visita de mucho cumplido y se asoma a la sala y después de saludar muy ceremoniosamente dice: 'no vine a interrumpir, sólo vine a tomarme una copa y a fumarme un cigarro con ustedes'."

Gabrielito acaba de cumplir seis años. Hay un descubrimiento y una construcción de sí misma, a través de Gabriel su hijo, que nos resultan fascinantes. Rosario se crece, nunca es tan analítica, nunca toma tanta y tan fabulosa distancia.

Es apasionante ver cómo le va a Gabriel, observado por una narradora más que aguda, una mamá muy atenta a sus procesos. Todas las tardes Rosario permanece con su hijo, lo ayuda en sus tareas, lo acompaña, le cuenta cuentos. Los cuentos que le escribe son una delicia.

## La responsabilidad

Regresan a México a la casa de Constituyentes. Guerra se va a dar cursos a Puerto Rico y Rosario se queda al frente de dos casas, la de México y la de Cuernavaca, y es sorprendente cómo una mujer que se consideraba a sí misma carne de cañón para manicomio maneja las casas, y no sólo a Gabriel, sino a Ricky y Pablito. En completo dominio de la situación, Rosario resuelve sus propios problemas: los universitarios, los de la docencia universitaria, los psicológicos y los de la creación. Nunca suelta el tema de la familia, las cuentas, el predial, el plomero, los trámites burocráticos. Responsabilizarse de las necesidades de Ricardo y los niños es una constante en la vida de Rosario y aparece en cada página de las cartas.

Finalmente no es la continua infidelidad o la mentira de Ricardo lo que importa, sino la construcción que hace Rosario Castellanos "de otro modo de ser humano y libre".

Ella, en cambio, nunca dice una mentira; sin embargo, magnifica, exagera y lo sabe. Dice, por ejemplo, que no le gustaban las reuniones sociales y lleva la batuta de aquéllas a las que asiste. Como era muy ingeniosa, al divertir a los demás hasta se divierte. Extrovertida, brillante, graciosísima, daba la impresión de ser una mujer muy acostumbrada a las reuniones. En público nunca delató su enfermedad nerviosa, al contrario, quizá por ella se propuso conquistar a los demás, echárselos a la bolsa, hacerlos sus aliados.

A las mujeres se nos devalúa. Rosario nació devaluada y sólo deja de acusarse y encontrarse culpable al final de su vida. ¿Es la relación amorosa lo único que hubiera podido darle estabilidad? ¿O es justamente el hecho de que ésta le sea negada lo que la lleva a escribir?

*Rito de iniciación*

¿Tiene que pagar el precio de ser escritora? ¿Qué hubiera sido de una Rosario Castellanos con un mayor nivel de autoestima? José Joaquín Blanco, al ver sus reflexiones poéticas en torno al abandono, el desamor, el bien inalcanzable, el páramo inmenso, nos dice que es una plañidera. Debió ser para José Joaquín Blanco, hombre al fin, una neurótica insoportable, ya que en su poesía nos damos cuenta cabal de hasta qué grado sufría pero hasta hoy no sabíamos cómo. Sus cartas nos lo aclaran. Nunca es más racional que en su poesía. Encuentra la palabra exacta, la pone y ya está. La poesía en ella es una búsqueda de racionalización.

Rosario Castellanos aborda el tema de los indios en más de una de sus obras narrativas, aunque no le interesa ser encasillada en la corriente de la novela indigenista. Al contrario, le molesta. Los indios no son ni buenos ni poéticos por el hecho de ser indios, son seres humanos exactamente iguales a los blancos e incluso, al ser más débiles, pueden llegar a ser más violentos. Rosario se acerca a ellos no sólo por Comitán o Chiapas, su lugar de origen, sino porque reconoce en su abandono, su propia soledad.

*El divorcio, un acto de autoestima*

Rosario Castellanos se fue revalorando y éste fue un proceso doloroso porque fue conociéndose. Finalmente, en un acto de autoestima, se separa y pide el divorcio.

En una entrevista concedida a Beatriz Espejo en 1967 confiesa que el trabajo jamás la hirió como el amor y la convivencia.

*Mientras tanto lo amo*

Aunque Gabriel es su único hijo, el logrado, el bien amado, tampoco se hace muchas ilusiones y su actitud podría resultarnos ambigua. En su poema "Rito de iniciación" dice: "Porque habías de venir a quebrantar mis huesos / y cuando Dios les daba consistencia pensaba / en hacerlos menores que tu fuerza." Y en "Autorretrato": "Soy madre de Gabriel: ya usted sabe, ese niño / que un día se erigirá en juez inapelable / y que acaso, además, ejerza de verdugo. / Mientras tanto lo amo."

Su último artículo, publicado en *Excélsior* después de su sorpresiva muerte, está dirigido a Gabriel, a quien le pregunta: "¿Te acuerdas de La Guiveret que venía a hacer la limpieza una vez a la semana hasta que estalló la guerra de Yom Kippur y a uno de sus hijos le ocurrió una desgracia muy grande, tan grande que se va a quedar para siempre en un hospital? La Guiveret también estuvo enferma e imposibilitada de trabajar y ahora, apenas convaleciente, vuelve a sus antiguos bebederos.

"La primera vez que vino a la casa estábamos solas y yo la observaba con un poco de inquietud mientras ella –rígida, mecánica, ausente– sacudía los muebles, trapeaba el suelo, lavaba los vidrios mientras dos chorros de lágrimas –que no enjugaba porque no los advertía– le rodaban por las mejillas. Llora así, inconscientemente, como nosotros respiramos. Yo me sentía ante ella inerme porque no poseía ninguna palabra que le diera a este sufrimiento una forma, un molde, un cáliz. De la piedad fui transitando, poco a poco, al miedo. ¿Y si está loca y de repente le entra el telele y me estrangula?

"La primera jornada transcurrió sin incidente. Y varios días después, yo estaba en la terraza cuando la veo venir avanzando dificultosamente bajo el sol vertical. Desde lejos me decía algo, me pedía algo, claro que yo le iba a dar lo que quisiera. Pero ¿qué quería? Me llevó de la mano hasta un florero en el que hay esas flores de papel que son tan vistosas y que trajimos de México. Me señaló una y yo le entregué el ramo entero. Lo abrazó como si fuera su hijo recuperado y sano y se fue erecta, radiante, sin memoria de su pena. ¡Somos tan poco! ¡Nos consolamos con tan poco!

"Yo por ejemplo, borro todas las cicatrices del pasado, desatiendo todas las presiones del presente, me olvido de todas las amenazas del porvenir con sólo mirar una tarjeta postal a colores que representa el Calendario Azteca y que dice 'estoy muy contento. Saludos'. Y firma: Gabriel."

Rosario dejó de escribirle a Ricardo Guerra sólo siete años antes de morir. Electrocutada por una lámpara doméstica, en la sede de la embajada de México en Tel Aviv, falleció el 7 de agosto de 1974, un día antes de emprender el viaje a México para ser la única oradora en un desayuno oficial de mujeres en la residencia de Los Pinos.

# Nellie Campobello: la que no tuvo muerte
■

Esa mujer de porte real que atraviesa el aire con los brazos en alto, se llama Nellie Campobello; esa mujer de pelo jalado hacia atrás, que estira su cuello y señala el rumbo con el dedo del pie derecho, es Nellie Campobello; esa mujer que desafía la gravedad y se eleva al cielo es Nellie Campobello. Nellie y Gloria bailan en su Escuela Nacional de Danza, giran sus faldas como corolas, desde arriba parecen enormes flores, dalias mexicanas formadas por docenas de pétalos-enaguas.

–Ahora un baile de Jalisco.

Sus alumnos las miran con atención. Las dos hermanas exhiben su talento y su conocimiento de las danzas de México.

–Debes hacer que tu cuerpo hable, darle más significado a cada uno de tus movimientos.

Nellie es la autoridad, la voz suprema. Se avienta. Éste es su momento. Los músculos de sus piernas y brazos se alargan, se tienden como ramas en el aire. Son una forma más rápida de expresión que la escritura y tienen una respuesta inmediata. Apretados contra los muros, sus admirativos discípulos la contemplan.

–Los mexicanos son silenciosos, desconfiados, me refiero a los que viven en la ciudad. La manera en que caminan es su verdadera expresión.

Las dos hermanas ahora enseñan ritmos mayas.

–Den pasos más cortos y más fuertes. La forma de caminar del mestizo es graciosa y concisa.

Nellie ríe mientras taconea.

–Bueno, los mayas no son tan altos como yo, así que hay una razón biológica para que los "tempos" de su baile y sus pasos sean cortos, ligeros y animados.

Esta mujer nació el 7 de noviembre de 1900 en Villa Ocampo, Durango, hija natural de Rafaela Luna, la heroína de *Las manos de Mamá*. En la parroquia de Villa Ocampo, donde la gente recuerda a su "hija y benefactora" (la escuela lleva su nombre), están los registros del nacimiento de María Francisca, llamada "Xica", por Francisca como Francisco Villa; por eso algunos han especulado acerca de su origen y dicho que Nellie era hija del Centauro del Norte.

Directa y franca, "tanto que creen que estoy contando mentiras", Nellie sin embargo no aceptó su verdadero nombre y se inventó otro, inspirada en el de un bostoniano que enamoraba a su madre, Ernest Campbell Morton, padre de Gloria, y lo hispanizó como "Campobello".

Hugo Margáin, al enseñarme un libro dedicado por ella: "Del clan de los Campobello al clan de los Margáin", me dijo que era hija de Pancho Villa.

Nellie y Gloria Campobello recorrieron México de un extremo al otro coleccionando ritmos indígenas. Los indios a los que más quisieron fueron los tarahumaras porque las hermanas provenían del norte. Viajaron a los pueblos para asistir a las fiestas de los santos patronos y cuando no las hubo se sentaron en el zócalo a mirar. Hacían apuntes, anotaron pasos, recogieron giros musicales. De sus notas nacen palabras en movimiento: "El mexicano –escriben– camina con todo el peso de su cuerpo sobre sus talones como el yucateco, pero a diferencia de él, no estira su cuerpo hacia arriba, ni lo echa para atrás. Al contrario, se inclina hacia delante, aunque no tanto como el indio de Michoacán. Con sus ojos siempre fijos en el suelo y sus brazos pegados al cuerpo, da la impresión de abrazarse a sí mismo".

Nellie, reconocida como bailarina, coreógrafa, maestra de ballet, publicó en 1940 con su hermana Gloria un libro hoy inencontrable: *Ritmos indígenas de México*. Apasionada por la danza prehispánica, declaró: "La danza indígena es la más clara expresión de México". Nellie es una de las fundadoras de la Escuela Nacional de Danza que dirige a partir de 1937. Al sumergirse en nuestra cultura, la revive.

México se revela a sí mismo. Nellie revela su capacidad creadora, la fuerza de su gran país. Vivió su pobreza, desconfianza, traición y violencia durante su infancia en Villa Ocampo y Parral, Chihuahua, pero a pesar de ello pudo declarar: "Fui una niña feliz", porque su madre supo crear otro mundo que mitigó la realidad inmediata, la dureza de la revolución.

## Miss Carroll

Las dos hermanas fueron alumnas de Miss Lettie Carroll, a quien mi hermana Kitzia y yo conocimos porque fuimos a sus clases en la colonia Cuauhtémoc. Era una señora alta, de tobillos delgados, que puntuaba el ritmo con un palo de escoba en el suelo y tenía cara de hot-cake, redonda y fofa. A las Campobello, Miss Carroll las incluyó en el Ballet Carroll Classique, integrado por muchachas estadounidenses que tenían piernas largas, y se presentaron en el Teatro Regis en 1927 y en varias festividades de la American Legion. También viajaban a provincia y para Nellie esos viajes, más que un gusto, fueron una tortura.

"¡Ay Chihuahua, qué horrible es el teatro! ¡Qué espantosa vida es la de esas pobres infelices artistas! No era posible estar en una pocilga. ¡Cómo están los teatros de apestosos!"

## Las Carroll Girls

Bailan en La Habana y aparecen en el *Diario de la Marina,* que las saluda con elogios; pero a pesar de la ayuda de sus amistades popof en La Habana, los Reina y los Fernández de Castro, el recuento de Nellie es amargo:

"Por fin un día nos dieron una función y voy viendo en el programa nuestros nombres en letras chiquitas. Del coraje, no quería salir a bailar, pero el marido de Esperanza Iris nos convenció de lo contrario. Total, lo hicimos, pero querían que bailáramos ritmos levantándonos las enaguas para que se nos vieran las piernas. Pero yo salí a bailar como lo hace la tehuana, con esa dignidad humilde, no majestuosa, sino la dignidad concentrada del indio."

El socialité cubano José Antonio Fernández de Castro describió a las hermanas con un lenguaje parecido al que Nellie le consagraría a su madre: "Colgadas del brazo de un viejo, dos amapolas. Dos amapolas nacidas en un valle. Un valle que no es tropical. Una seguramente roja. La otra menos. La otra, con un suave color violeta. Violeta que tuviese un fino baño dorado."

Nellie habría de escribir en *Ella* refiriéndose a su madre:

Flores de lila, más lila se miraban,
y en azules de azul más claro se besaban.
En el lino de la falda y el encaje del anillo
las manos se le ahuecaban

detrás del aire dormido,
como se ahuecan las almas
a la orilla del camino.

## *Vous êtes une artiste*

Nellie cosechó elogios, ramos de flores, tarjetas que proclamaban en francés: "Vous êtes une artiste", pero el juicio crítico que mejor recuerda es el de su hermano Chaco:
"–Oye Chaco ¿qué te pareció?
"–¡Parecías un caballo en el desierto, corriendo! –me contestó.
"–¡Aaayyyy, y yo que me creía una mariposa, pero como tenía dos caballos que montaba en las mañanas y en las tardes, no podía salir otra cosa!"

## *¡Yo!*

Su primera obra, *¡Yo!*, publicada en México en 1929, es una colección de quince poemas firmados como Francisca. Algunos fueron traducidos por Langston Hughes al inglés y reunidos en una antología de la poesía latinoamericana contemporánea que publicó la editorial Norfolk en 1942.
A propósito del libro dijo el doctor Atl:

"No se lo comunicó a sus amigas, sus amigos habituales. ¡Qué escándalo hubiera sido en su medio fifí saber que aquella muchachita era poeta! La hubieran desdeñado. Quizá y hasta el novio se hubiese peleado con ella. Los confió a un amigo muy sabio y fue tal el entusiasmo de éste, que con un puñado de 'papelitos azules' le hizo un libro, su primer libro: *¡Yo!* Ese pequeño libro no ha circulado. Los profesionales de la literatura lo ignoran. Los pocos que lo tuvieron en sus manos han preferido desconocerlo, de puritito miedo."

Dicen que soy brusca,
que no sé lo que digo
porque vine de allá.

Ellos dicen
que de la montaña oscura.
Yo sé que vine
de una claridad.

Brusca porque miro de frente;
brusca porque soy fuerte.
Que soy montaraz...

¡Cuántas cosas dicen porque vine de allá,
de un rincón oscuro de la montaña!
Mas yo sé que vine
de una claridad.

\*\*\*

El Norte era un campo de batalla.
Alegría
iba cantando
por toda la casa,
como un pájaro
sin jaula.

Así vivía mi libertad.
¿Y cuántas veces
abrazando mi alegría
tenía que llorar?

Afirmó amar más la libertad que las olas del mar y mucho más que al amor, lo que recuerda el pensamiento de Simone Weil que reconoce las leyes de la naturaleza en la tenaz obediencia del oleaje.

Como consecuencia, nunca dejó de decir verdades, denunciar la simulación, la injusticia, el despojo y la calumnia.

"Yo quería tener alas, verdaderas alas de cóndor: irme. Creo que muchas almas de mexicanos también han querido alguna vez tener alas."

Soy una mariposa.
Me gusta volar
y acercarme
al corazón de las rosas,
y sentir en mis alas
abiertas
jardines de libertad.

Amaba los caballos y montaba muy bien. Desde niña recorrió el campo a caballo y en la ciudad de México siguió cabalgando en los clubs hípicos.

Nellie y Gloria Campobello conocieron en 1930 a Federico García Lorca en La Habana gracias al periodista y crítico José Antonio Fernández de Castro, quien le enseñó a Federico su libro *¡Yo!* y García Lorca fue a felicitarla y a pedirle que le leyera sus poemas con sus ojos de moro y sus cejas enormes.

Ella
era su paso una danza
toda compuesta de ritmo.

\*\*\*

Mi danza, erguida en los estadios,
sigue el ritmo majestuoso
de los valses mexicanos.

\*\*\*

Chiapas
Chiapas, carta de cerros enmarañados
de árboles y peñascos,
en tu cumbre yo dancé
entre hierbas y guijarros.
La voz del pueblo se oía
en el ritmo de mis pasos.

## El Centauro del Norte era Dios

Para Nellie, el Centauro del Norte era Dios, y Martín Luis
Guzmán su monaguillo. Lo defendió contra las injurias y la
maledicencia. "Las novelas que entonces se escribían estaban
repletas de mentiras contra los hombres de la revolución,
principalmente contra Francisco Villa [...] El único genio
guerrero de su tiempo, uno de los más grandes de la historia;
el mejor de América, y después de Gengis Khan, el más grande guerrillero que ha existido."

## Martín y Nellie se hablaban de usted

El Centauro del Norte nunca supo que tendría en Martín
Luis Guzmán a su mejor biógrafo ni que lo superaría Friedrich
Katz en su obra monumental *Pancho Villa*, de 1998. Que un
escritor de la talla de Martín Luis Guzmán (no me gusta lla-
marlo sólo Guzmán como he visto que algunos lo hacen) se
ocupara de Francisco Villa le da una dimensión que nunca
habría tenido sin las *Memorias de Pancho Villa* (1936). El hecho de que Nellie Campobello le diera su archivo a Martín
Luis Guzmán significa que lo consideró el único capaz de es-
cribirlas. ¿Por qué no lo hizo ella si una de las esposas de

Villa, doña Austreberta Rentería, puso en sus manos documentos y cartas? Sólo alcanzó a escribir sus *Apuntes sobre la vida militar de Francisco Villa,* publicados en 1940, en los que utiliza los documentos y las memorias de la mujer de Villa. Sin embargo, la obra de mayor envergadura, la definitiva, la escribe su amigo y galán Martín Luis Guzmán que, según cuenta Juan Soriano, le hablaba de usted, no para esconder su noviazgo sino como una muestra de respeto. Es vox populi que el amor de Nellie por Martín duró toda la vida y cuando éste murió en 1976 nunca volvió a ser la misma.

En una entrevista con Carlos Landeros publicada en *Siempre!* el 22 de noviembre de 1976, Martín Luis Guzmán declaró: "Acaso nada me ha satisfecho más, después de mi trato personal con Villa, que el haber llegado a tener en mis manos los documentos del archivo del general Villa que guarda doña Austreberta Rentería, su viuda; la señorita Nellie Campobello hace ya cerca de treinta años me entrevistó para que yo pudiera servir a los villistas construyendo un retrato de cuerpo entero de Francisco Villa. Lo hice en aquellos años en que Villa era el difamado, el vilipendiado, el acusado de no sé cuántos crímenes; el postergado y relegado en todas partes. Gracias a esos papeles yo concebí el modo de escribir las *Memorias de Pancho Villa,* y, en realidad, en esos papeles están basadas en muy buena parte las trescientas primeras páginas de esas *Memorias;* las otras 800 no, ésas ya son creación total y absolutamente mía, pero las primeras están basadas en esos papeles". Un poco más tarde enfatiza: "Eso que digo de Villa es muy interesante por sus aspectos humanos; un día se destacará, creo yo, la personalidad de esta señorita admirable por varios conceptos que yo mencionaba hace un momento, Nellie Campobello, porque ha sido una entusiasta inquebrantable, una infatigable defensora de la figura y de la memoria de Pancho Villa desde hace más de cuarenta años; y así se explica que por conducto de ella a mí me hayan llegado los papeles de que le hablaba a usted hace un rato".

Don Martín terminó los cinco libros de *Memorias de Pancho Villa* con las batallas en el Bajío, antes de la caída del Centauro. Nellie Campobello, a pesar de su entusiasmo desbordante, termina sus *Apuntes sobre la vida militar de Francisco Villa* con el compromiso de tregua del jefe y su retiro a la hacienda de Canutillo obsequiada por el gobierno revolucionario. A través del carácter de Axkaná González en *La sombra del caudillo*, Martín Luis Guzmán demuestra que la ineptitud y la corrupción en el poder han existido durante más de cincuenta años y que "la tragedia del político atrapado en la red de la inmoralidad y mentiras que él mismo ha tejido" sigue hasta el día de hoy. El viejo Mariano Azuela denuncia a los caciques, los terratenientes, los nuevos ricos, los líderes locales que traicionaron los ideales de la revolución; pero para Nellie Campobello la revolución ha reivindicado los derechos y la dignidad de la gente y los héroes que emergieron del pueblo son nuestros santos. Verdadera devota, defiende a Pancho Villa, su héroe, su ídolo –no obstante las orgías de sangre–, su Soldado de Oro, a quien le dedica horas y días de investigación: a él y a sus tropas, a Nieto, Dávila y Máynez, sus incondicionales. Nellie recoge testimonios orales y escribe apasionadamente.

A pesar de su admiración por él, *Apuntes sobre la vida militar de Francisco Villa* es el menos significativo de todos sus libros. Acríticamente, prefiere ver el bosque y no los árboles. Jesusa Palancares, la protagonista de *Hasta no verte Jesús mío*, sin saber leer ni escribir, tiene una visión mucho más crítica de la Revolución Mexicana: "Creo que fue una guerra a lo pendejo porque eso de matarse unos a otros, padres contra hijos, hermano contra hermano; carrancistas, villistas, zapatistas, todos éramos los mismos pelados y muertos de hambre pero ésas son cosas que, como dicen, por sabidas se callan". Jesusa no tiene la misma imagen de Francisco Villa que Nellie: "Villa fue un bandido porque no luchó como los hombres sino que dinamitó las vías cuando pasaban los trenes... Si hay alguien a quien odio es a Villa".

Ha pasado ya casi un siglo y, como dice Adolfo Gilly, "La afirmación de la burguesía mexicana de que 'la revolución vive', es la confirmación negativa de la naturaleza permanente de la revolución interrumpida". Octavio Paz también es condenatorio: "Toda revolución sin pensamiento crítico, sin libertad que oponer al poder, ni posibilidad de sustituir pacíficamente un gobierno por otro, es una revolución fracasada".

*Los autores de la revolución*

Institucionalizada, la Revolución Mexicana también fue novelada. Seis años después del primer estallido, en 1916, Mariano Azuela publica en El Paso, Texas, *Los de abajo,* la novela por excelencia de la Revolución Mexicana que abre las compuertas a personajes de la envergadura de Demetrio Macías, de quien dice el mismo Azuela: "Si hubiera conocido un hombre de su estatura, lo hubiera seguido hasta la muerte". Asombra por su actualidad, su fidelidad al habla de la tropa. Médico y escritor, Mariano Azuela nos da las primeras imágenes literarias de la revolución. De Azuela en adelante, la novela de la Revolución Mexicana arranca a galope tendido. Martín Luis Guzmán escribe *La sombra del caudillo, El águila y la serpiente* y *Memorias de Pancho Villa,* dándole a México, según los críticos, la mejor prosa que han conocido hasta la fecha al lado de la de Salvador Novo.

En México, en Estados Unidos, en algunas universidades europeas como la de Toulouse, Francia, se estudia sistemáticamente la novela de la Revolución Mexicana. Rafael F. Muñoz, *Se llevaron el cañón para Bachimba* y *¡Vámonos con Pancho Villa!;* Gregorio López y Fuentes, *Campamento* (publicada en Madrid en 1931); también José Rubén Romero lanzó en Barcelona, en 1932, sus *Apuntes de un lugareño;* el general revolucionario Francisco L. Urquizo, *Tropa vieja;* José Vasconcelos, *Ulises criollo;* Mauricio Magdaleno, *El resplandor;* José Mancisidor, *Frontera junto al mar;* Miguel N. Lira, *La escondida,* y hubo algunos autores más como Agustín Vera.

Entre ellos, una sola mujer: Nellie Campobello. La publicación en 1958 de *La región más transparente,* de Carlos Fuentes, le da a la novela de la revolución su segundo aire, puesto que Juan Rulfo y su *Pedro Páramo* son un caso aparte: quizá el

168

último rescoldo revolucionario se halle en las cenizas calientes de la hoguera que Rulfo enciende en *El llano en llamas* y en su obra maestra, *Pedro Páramo.* En *La muerte de Artemio Cruz,* Carlos Fuentes, el más brillante de nuestros novelistas, retrata a Artemio Cruz, un revolucionario corrompido.

*La muerte de Artemio Cruz* abre las puertas a Arturo Azuela (sobrino del primer Azuela), Fernando del Paso, Jorge Ibargüengoitia, para quien la revolución es una gran payasada, Tomás Mojarro y, una vez más, a una sola mujer: Elena Garro, quien en algún sentido es la sucesora de Nellie Campobello. *Los relámpagos de agosto,* de Ibargüengoitia, nos muestra la otra cara de la moneda –una revolución cómica, primitiva y bestial, una revolución para burlarse de ella y escapar a la tragedia–, mientras que Rulfo es la esencia de lo trágico. Puede ser que la de Nellie Campobello sea la única visión real de la Revolución Mexicana.

Cuando Nellie le dedica sus *Apuntes sobre la vida militar de Francisco Villa* a Martín Luis Guzmán, nombrándolo el escritor más revolucionario de la revolución, no reconoce que ella es la mejor escritora de la revolución. Sus palabras –libres de adjetivos y embellecimientos–, su estilo directo, crudo, pertenecen a una Adelita que decide entrarle a la batalla.

*Tres mil ejemplares de* Cartucho

Nellie Campobello publica *Cartucho: relatos de la lucha en el Norte de México,* en Ediciones Integrales en 1931; de todos los novelistas de la revolución es la única que obtiene la noticia más fresca. En un mundo de machismo, nadie la toma en cuenta, y –¡por favor!– ¿qué hace una mujer en medio de la fiesta de las balas? ¡Sólo eso nos faltaba! Nellie es tan entretenida, tan descriptiva, tan aguda, que se le relega a dar imágenes brillantes, impresiones fugaces captadas desde el balcón por una curiosa criatura que pasa desapercibida a través de un libro espantoso que nada tiene que ver con ella y así como ella lo cuenta, ingenuamente, con el candor de la infancia: escenas que asombran por su crueldad y porque las atestigua una niña.

En *La Plaza del Diamante,* la catalana Mercè Rodoreda nos da la guerra civil de España de 1936 sin enumeraciones históricas ni explicaciones y sin embargo el lector siente la guerra en carne propia. Nellie Campobello no analiza el porqué de los acontecimientos, sólo los consigna tal y como los recuerda, y el impacto de sus frases breves es definitivo.

*Las manos de Mamá* se publicó, nueve años después, bajo el membrete de Editorial Villa Ocampo, en el norte, y se imprimió en los Talleres Gráficos de la Nación el 20 de enero de 1940. Quizá fue una edición de la autora, porque Villa Ocampo es el lugar de nacimiento de Nellie. Su *Cartucho* es un conjunto de 56 estampas: "Escribí en este libro lo que me consta del villismo, no lo que me han contado". En los dos libros desborda el amor de Nellie por su madre y su personalidad de joven viuda villista capaz de cualquier cosa por sus hijos. Luchadora, Rafaela Luna también se preocupó por la suerte de los Dorados de Villa y, claro, por el propio Villa.

"Hombre alto, tenía bigotes güeros, hablaba muy fuerte. Había entrado con diez hombres en la casa, insultaba a mamá y le decía: –¿Diga que no es de la confianza de Villa? ¿Diga que no? Aquí hay armas. Si no nos las da junto con el dinero y el parque, le quemo la casa. –Hablaba paseándose enfrente de ella... Me rebelé y me puse junto a ella pero él me dio un empellón y me caí. Mamá no lloraba, dijo que no le tocaran a sus hijos, que hicieran lo que quisieran... El hombre aquel, güero, se me quedó grabado para toda la vida.

"Dos años más tarde nos fuimos a vivir a Chihuahua, lo vi subiendo los escalones del Palacio Federal... Ese día todo me salió mal, no pude estudiar, me la pasé pensando en ser hombre, tener mi pistola y pegarle cien tiros."

Sólo hasta 1940 se hizo una segunda edición de *Cartucho* en EDIAPSA. Esto no es privativo de Nellie; los tres mil ejemplares de una edición de *El tirador* de Alfonso Reyes tardaron doce años en agotarse. *Las manos de Mamá* tiene el gran privilegio de haber sido ilustrado por José Clemente Orozco, el mayor de los Tres Grandes. Orozco –que sólo contaba con su brazo derecho porque el izquierdo se lo había volado una carga de dinamita– fue uno de los máximos personajes del llamado Renacimiento Mexicano. Era un hombre airado, colérico, secreto, y se enamoró de Gloriecita, como la llamaba Nellie, y por eso ilustró el libro de la hermana mayor y también hizo una infinidad de telones de fondo para las danzas de Nellie y Gloria Campobello en su Escuela Nacional de Danza.

## La crueldad lacónica de la infancia

Las novelas de Nellie son autobiográficas y entretejen sus recuerdos de niña de siete años, muy despierta y capaz de predecir la muerte. Observadora, Nellie regresa a la sugerente voz de su infancia. Reconoce, en su novela *Las manos de Mamá,* la influencia de su abuelo materno en Villa Ocampo, Durango, y dice que a él le debe su amor a la naturaleza y muchos rasgos de su carácter. Habla de su amor por su Papá Grande, cuyo retrato es el único que cuelga en la sala. Los episodios que relata son brutales y tienen la crueldad lacónica de la infancia. La muerte es natural. No hay de otra. Los mismos soldados que matan son quienes la toman en brazos y le regalan chiclosos. Nellie no establece la diferencia entre el asesinato y el heroísmo porque son parte de su vida diaria. Presencia fusilamientos y ve cómo los ahorcados se bambolean colgados de los árboles. Las tripas de los muertos le parecen sonrosadas y bonitas, sobre todo las del general Sobarzo; asiste a juicios sumarios y asienta todo como una niña que se pusiera de pronto sin darse cuenta a relatar con frescura los más atroces acontecimientos.

Marta Portal escribe en su libro *Proceso narrativo de la revolución mexicana* que Nellie "presenta una visión virgen de la revolución". La propia Nellie lo dice muy claramente: "Yo tenía los ojos abiertos, mi espíritu volaba para encontrar imágenes de muertos, de fusilados; me gustaba oír aquellas narraciones de tragedia, me parecía verlo y oírlo todo. Necesitaba tener en mi alma de niña aquellos cuadros llenos de terror, lo único que sentía era que hacían que los ojos de Mamá, al contarlo, lloraran".

171

También la relación amorosa con la madre se establece a partir de la muerte. En cierta forma, la madre le hereda a la hija los muertos, se los recuerda, se los hace presentes. En "Los hombres de Urbina", uno de los cuadros vivientes que componen *Cartucho,* la madre lleva a la hija de la mano a un llanito y le señala: "Aquí fue –dijo ella deteniéndose en un lugar donde estaba una piedra azul–. Mire –me dijo–, aquí en este lugar murió un hombre, era nuestro paisano, José Beltrán; les hizo fuego hasta el último momento; lo cosieron a balazos. Aquí fue; todavía arrodillado, como Dios le dio a entender, les tiraba y cargaba el rifle. Se agarró con muchos, lo habían entregado, lo siguieron hasta aquí. Tenía dieciocho años".

La juventud de los que pelean es aterradora, no pasan de los veinticinco años y todos van hacia su muerte.

*Todos al paredón*

Posiblemente sea Nellie Campobello la única niña en el mundo que escriba de la muerte en forma tan inocente. Mientras otras juegan a la comidita ella acumula cadáveres. Los cuentos de Nellie son de fusilados, de muertos en el paredón. Su libro *Cartucho* está lleno de sabiduría popular, pero no de aquella que se manifiesta a través de dichos o refranes, recetarios y consejos, sino de aquella que hace que *Cartucho* nos diga: "El dinero hace a veces que las gentes no sepan reír". Cartucho es un hombre que llega a platicarle a Nellie a su ventana y se encariña con su hermanita menor, la muy querida Gloriecita. Nellie nos dice: "Una tarde la agarró en brazos. Se fue calle arriba. De pronto se oyeron balazos. Cartucho, con Gloriecita en brazos, hacía fuego al Cerro de la Cruz, desde la esquina de don Manuel. Había hecho varias descargas cuando se la quitaron. Después de esto el fuego se fue haciendo intenso. Cerraron las casas. Nadie supo de Cartucho. Se había quedado disparando su rifle en la esquina.

"Unos días más. Él no vino; Mamá preguntó. Entonces José Ruiz, de allá de Balleza, le dijo:

"–Cartucho ya encontró lo que quería."

Cuando Cartucho deja de venir, la familia de Nellie pregunta por él y la respuesta es fulminante:

–Cartucho ya encontró lo que quería.

Los personajes que nos regala Nellie Campobello encuentran su muerte. Nellie va más lejos aún, para ella, los que pelean son "soldados inmaculados de la revolución". ¿Inmaculados como la Virgen María? ¡Válgame Dios! ¡Este inesperado adjetivo nunca lo previeron los revolucionarios! Con él, Nellie revela que ella es la inmaculada, la inocente, la simplista, la crédula, ella la ingenua, la parcial, la cieguita, ella, la niña grande enamorada del Centauro Pancho Villa el hombre-caballo, el Atila de nuestro lado del mar.

*La niña que camina de la mano de la muerte*

Otro personaje es Kirilí, de chamarra roja y mitazas amarillas. Las mitazas son unas protecciones de cuero que cubren las piernas del jinete. Nellie, casi jubilosa, nos relata:

"Kirilí se estaba bañando en un río: alguien le dijo que venía el enemigo, pero él no lo creyó y no se salió del agua. Llegaron y lo mataron allí mismo, dentro del río.

"Chagua [una señorita de pies chiquitos que Kirilí enamoraba] poco tiempo después se hizo mujer de la calle.

"Doña Magdalena, que ya no tiene dientes y se pone anteojos para leer, lo llora todos los días allá en un rincón de su casa, en Chihuahua. Pero el Kirilí se quedó dentro del agua enfriando su cuerpo y apretando, entre los tejidos de su carne porosa, unas balas que lo quemaron."

Las escenas que describe Nellie a fogonazos, como si estuviera disparando su rifle en la batalla, son directas, brutales, estremecedoras, y sin embargo su lenguaje crudo, de carne y de sangre derramadas, tiene mucho de la terrible inocencia de los niños que se ponen a decir verdades como puñetazos en plena cara. Hace pensar en lo que escribió Jaime Sabines acerca de su hijo Julito que al ver muerto a su perrito (o gatito) le dijo al padre: "Tíralo papá, está feo", e hizo que Sabines se asombrara con la implacable sabiduría de la infancia ante la muerte. Desde su ventana, mirador a la vida, mirador a la calle, Nellie escribe: "Y pasaba todos los días, flaco, mal vestido, era un soldado. Se hizo mi amigo porque un día nuestras sonrisas fueron iguales". Y como si no bastara, Nellie prosigue: "Le enseñé mis muñecas, él sonreía, había hambre en su risa".

Sus dos libros son una loa al machismo, un continuo rendirle culto a Pancho Villa el valiente, el mujeriego, el fuerte, el protector, el que gana las batallas, el desprendido, el que se responsabiliza de sus "muchachos". Para ella, los malos son los poderosos, los "vestidos a la inglesa y con engarces de plata en todo el cuerpo", los funcionarios, los catrines, los fifís.

*Las lentejuelas verdes*

Contradictoria, Nellie se lanza a la crítica feroz de las "lentejuelas verdes" de los popofs. Siguiendo las fijaciones indelebles de la infancia, para ella los malos son los ricos con sus pasteles y sus calcetines de seda, sus hijos que son "niños de labios marchitos y con mamás de caras pintadas y trajes de tul, que sonríen desganadamente". Sin embargo, Nellie Campobello no fue ajena al lujo y se le olvida que se movió en los salones de candiles y la platea dorada de los sexenios alemanista y avilacamachista. Lució los abrigos de pieles y los adornos de la época. Esta mujer mecida al viento, que doró su cuerpo al sol y al frío del norte y lo conservó espléndido durante muchos años, esa mujer de aliento sano y fresco, compadece a sus contemporáneos de salón, los que toman despacio un pálido jaibol, como diría Pepe Alvarado, los del hálito fétido de soirées, "carnes blancuzcas que parecen vientres de pescado muertos o conservados en alcohol". Muchas fotografías de la sección de sociales la muestran dentro de la élite ensombrerada y altiva, cubierta de lentejuelas, anillos y collares.

"Las lentejuelas y las mazorcas de maíz son diferentes. A las lentejuelas les cae agua del cielo y se deshacen. Los granos de maíz se hacen anchos y se ofrecen a los estómagos vacíos. Todo se acaba: las mesas, las sillas, los holanes de encaje, los pasteles, los colores de los talones de los niños sanos, los manteles, las tazas de té, los anillos, las monedas de plata y de oro, los costales de maíz. Al nacer, nada de estas mentiras traemos. Entonces ¿por qué sufrir para obtener cosas de mentiras? ¿Por qué no cerrar los ojos y extender la mano? Nos lo enseñó Mamá."

Aunque desprecia a los que ignoran que allá en el campo se fortalecen los huesos y los ojos, Nellie canjeó el viento frío del norte por un buen abrigo de mink.

## La niñez de la revolución o la niña de la revolución

Las frases de Nellie siempre dan en el blanco, queman por su sinceridad, su absoluta ausencia de elaboración. A diferencia de otros escritores de la revolución, Nellie nunca la critica; al contrario, le profesa tanta devoción como la que siente por su madre. No se siente defraudada; todo estuvo bien hecho; todo puede justificarse; todo tiene una razón de ser. Es todavía la niña que mira a un grupo de diez hombres apuntándole a un joven muerto de miedo, mal amarrado, de rodillas, sus manos tendidas hacia los soldados. Nellie observa con interés cómo el cuerpo da un salto terrible al ser atravesado por las balas, cómo brota la sangre por numerosos agujeros. El cuerpo yace tres días junto a su ventana y Nellie se acostumbra al cadáver; cuando uno u otro se lo lleva en la noche, Nellie lo extraña: "Ese cuerpo muerto en verdad me pertenecía". Acostumbrada a la violencia, a la crueldad, el mundo familiar de Nellie es el mundo de los ejecutados. Los cadáveres son los pilares de su infancia.

Ninguna otra escritora mexicana es tan abrupta, tan arisca, tan peligrosa, tan arma de fuego. Nellie explota pero también analiza. Tiene la misma capacidad que Martín Luis Guzmán para juzgar la revolución, la pistola al cinto, las frases cartuchos listas para salir de su cartuchera. ¡Ah jijos de la tiznada! Nellie, sin embargo, es mujer y le entrega su tesoro al amante. No la toman en cuenta y al rato se desencanta de tanta pasión sin objetivo. Nellie vivió la revolución, fue parte de ella, conoció la indignación, tuvo arranques de cólera frente a la injusticia, dividió al mundo entre buenos y malos, se hizo ilusiones y la revolución no le dio nada a cambio. La tragedia del bien y del mal nunca le fue ajena, aunque sus juicios y su tabla de valores nos desconciertan. Vencer o ser vencidos eran sus dos opciones y nunca se resignó a la derrota. Cuando vio que escribía en el vacío, decidió retirarse y entregarse a la danza que es una de las grandes dinámicas redentoras de la vida, al aliento del *grand jetté* que hace que el hombre o la mujer vuelen sobre el escenario. El movimiento nos salva y saca a flote al jaguar que traemos dentro, que ella sólo pudo domesticar en dos libros y que después soltó, flexible y líquido, en el escenario, para que desde allá arriba tirara el zarpazo de su energía y bailara todo lo que no había escrito.

Si ninguna otra escritora mexicana tiene su fuerza, ningún otro escritor de la Revolución Mexicana posee la capacidad de Martín Luis Guzmán para protagonizarla pero también para analizarla y juzgarla con ojos críticos como lo hace en *El águila y la serpiente* cuando reflexiona, por ejemplo, acerca de su primer encuentro con Villa, que lo recibe recostado en la cama, con el sombrero puesto y la pistola al cinto. En menos de veinte minutos Villa llama a Victoriano Huerta "jijo de la tiznada" y pregunta por qué no le metieron un balazo. Durante más de media hora, se enfrascan en una conversación extraña y reveladora para Martín Luis Guzmán, porque se confrontan dos categorías mentales ajenas entre sí y se tocan mundos distintos e irreconciliables en todo, salvo en el accidente casual de sumar sus esfuerzos para la lucha.

*Las manos de Mamá*

En *Las manos de Mamá,* nos lega páginas memorables acerca de su madre, la real, y la otra: la revolución. Su madre es una heroína que, así como cose en su máquina para mantener a los hijos, corre a salvar a la gente y corre de regreso para tejer tapados, remendar puños de camisa de los uniformes escolares. Pero, "¿qué era el pobre y débil sonido de esa máquina de coser comparado con los disparos del cañón?... ¿Cuántos kilos de carne se llevarían en total? ¿Cuántos ojos y pensamientos?" Extraña niña que piensa en los tiroteos como en una canción de cuna y habla de los kilos de carne acumulados en los cadáveres.

Rulfo, de niño, vio las siniestras marionetas de los colgados y nadie tampoco le tapó los ojos a Nellie; al contrario, se los abrieron lo más posible para ver mejor. En *Mis libros* Nellie dice: "Más de trescientos hombres disparando tras las barricadas deja una fuerte, una gran impresión, dice la gente, pero nuestros ojos de niños lo encontraban completamente normal".

Nellie tiene espléndidos hallazgos: "Jiménez es un pequeño pueblo polvoriento. Sus calles son como tripas hambrientas". La niña que bebe café con pan dulce y leche con camote (extraña coincidencia, Jesusa Palancares también disfruta la leche con camote más que ningún otro dulce), acepta su destino presidido por una madre maravillosa. "Mi vida fue una colcha de colores." Nellie escribe rápido, sin poner mucha atención al estilo. "Debes hacer las cosas rápido. En esa forma no sentirás miedo."

¿Qué hace un escritor cuando su infancia es un campo de batalla? ¿Qué hace una niña cuando sus amigos son hombres que entran a galope a su casa dentro de un revuelo de cascos? ¿Qué hace cuando ha nacido con el nuevo siglo y le toca no sólo el paisaje después de la batalla, sino también el nacimiento del México que emerge de la revolución en donde todo está por hacerse, todo tiene que inventarse, educación y salud, arte y juego, lenguaje y libertad, "el amor amoroso de las parejas pares"? Para las hermanas Campobello, bailar la revolución es parte de esa efervescencia que surge en los veinte y cuya fascinación aún no termina. México se transforma en un imán con el esfuerzo y la magia de su arte.

Los muros de México son frescos en potencia; existen sólo para pintar sobre ellos. La historia se despliega frente a los ojos de los mexicanos en grandes imágenes que les enseñan su verdadera identidad. No sólo el muralismo es importante, también florecen nuevas formas de vivir y de amar. Miguel y Rosa Covarrubias recorren la república excavando sitios arqueológicos y forman una colección fuera de serie. Después de su libro sobre Bali, publican su extraordinario *Mexico South*. Lupe Marín es una pantera negra y un día en que Diego Rivera no le da para el gasto le sirve una riquísima sopa de tepalcates. El Dr. Atl, Julio Castellanos, Roberto Montenegro, Fito Best Maugard, los Contemporáneos, Rufino Tamayo, Manuel Rodríguez Lozano, Juan O'Gorman, Octavio Paz y Juan Soriano se vuelven contemporáneos de todos los hombres: los veinte y los treinta son extraordinariamente fecundos para México. Lázaro Cárdenas abre las puertas a los refugiados de la guerra civil española así como antes se las abrió a Trotsky. Los Tres Grandes atraen a muchos extranjeros; el muralismo es una central de energía: enseña a la vieja Europa el arte de un continente que apenas emerge. La admiración ahora se dirige a México como antes hacia Florencia, hacia Teotihuacan como antes hacia Keops, hacia Chichén Itzá y Uxmal como antes al Coliseo. La nueva nación que surge de sus cenizas y que conquistó su libertad, sola y antes de la revolución rusa, es un ejemplo que hay que seguir.

*La escritora que más ama a su madre*

Mamá, vuelve la cara... ¡Mamá, Mamá, Mamá!
*Las manos de Mamá*

Elena Garro habló siempre más de su padre José Antonio Garro y del legendario compañero de sus correrías, Boni, que de su madre norteña: Esperanza Navarro. Rosario Castellanos nunca se sintió amada por los suyos y menos aún tras la muerte de Benjamín, su hermano menor. "Ahora ya no tenemos por quien luchar", escuchó decir a su padre, César Castellanos.

Tal vez cuando nací
alguien puso en mi cuna
una rama de mirto
y se secó.

Tal vez eso fue todo
lo que tuve en la vida
de amor.

Su inquina no fue tanta contra César Castellanos, el de la
autoridad política en Comitán, Chiapas, como contra Adriana, su madre. El retrato que Rosario hace de su madre en el
cuento "Tres nudos en la red" es una reconciliación final,
aunque nunca un acto de amor. Adriana Castellanos murió
en enero de 1948 de un cáncer en el estómago y es fácil reconocer a la madre tal y como la pinta Rosario al internarse en
el hospital de Oncología.

"–El pabellón de Incurables queda en el octavo piso.

"–Gracias.

"Juliana [Adriana] volvió a asir la maleta que había dejado
en el suelo y con paso firme y seguro se dirigió al elevador."

A diferencia de Rosario y de Elena, Nellie Campobello se
avienta a los brazos de su madre con los ojos vendados y su
entrega no tiene límites. Nellie es hiperbólica, sus loas son
incesantes. Aunque parece no necesitar protección alguna
contra el mundo (que es el de los Dorados de Villa, los hombres que en la noche se reúnen en torno a la fogata, los cadáveres que quedan tirados hasta que apestan), todo su ser reclama a su mamá, una madre fuerte, de manos que saben
enrollar un cigarro de hoja y prenderlo al atardecer, de manos de costurera que levanta bastillas, de manos que pueden
empuñar un fusil, de manos responsables puesto que la cuidan a ella y a sus hermanos. Para referirse a su madre, Nellie
escribe la palabra *Ella* en cursivas, destacándola como a una
diosa para honrarla aún más. La convierte en mujer maravilla dispuesta a la entrega y al olvido de sí misma. Para ella, no
importa de qué bando sean los soldados: los considera sus

hermanos y los protege aunque sean enemigos salvajes. "Para mí ni son hombres siquiera –dijo *Ella,* absolutamente serena–. Son como niños que necesitan de mí y les presté mi ayuda. Si ustedes se vieran en las mismas condiciones, yo estaría con ustedes." Esa Florence Nightingale es un ser desprendido y dispuesto a la entrega y Nellie confirma: "Se dedicaba con verdadero amor a ayudar a los soldados, no importaba de qué gente fueran".

*México, espléndidamente creativo*

Nellie Campobello escribe en una época extraordinaria, la era de Scott Fitzgerald, Ernest Hemingway, William Faulkner en los Estados Unidos y Sigmund Freud, Igor Stravinsky, Pablo Picasso, Virginia Woolf, Katherine Mansfield, George Orwell, Stephen Spender y Albert Einstein en Europa. Escribe en los veinte, cuando México es espléndidamente creativo y atrae a muchos intelectuales de otros países. Llegan escritores de la talla de D. H. Lawrence autor de *The Plumed Serpent* y *Mornings in Mexico,* John Dos Passos, y un poco más tarde, Hart Crane que habría de tirarse al mar desde la cubierta del barco en que viajaba de regreso a los Estados Unidos, Jean Charlot, Pablo O'Higgins, Emily Edwards, sin hablar de los arqueólogos y antropólogos que se fascinaron con el mundo maya y azteca. Malcolm Lowry escenificó en Cuernavaca su mejor novela, *Bajo el volcán.* Al poeta ruso Maiakowski, autor de *Una nube en pantalones,* habría de precederlo y casi coincidir con él otro ruso extraordinario, Sergei Eisenstein, que aquí filmó *¡Viva México!,* en la que actuaba Isabel Villaseñor, la bella esposa de Gabriel Fernández Ledesma. Finalmente habrían de venir a México, casi en el mismo momento, André Breton, quien dijo que la pintura de Frida Kahlo era una bomba envuelta con un listón y la invitó a exponer en París, en la galería Pierre Colle, y León Trotsky con su esposa Natalia.

Nellie Campobello es contemporánea de mujeres fuera de serie: María Izquierdo, Frida Kahlo, Leonora Carrington, Remedios Varo, Lupe Marín, Nahui Olin, María Asúnsolo, Dolores del Río y, un poco más tarde, María Félix, Rosario Castellanos, Elena Garro, Pita Amor. Pertenece a un México que se descubre y fascinado por sí mismo embellece a otros; este México-divino-Narciso, este México-Ulises-criollo, este México-Prometeo-encadenado, México que se nombra a sí mismo y aparece en la faz de la tierra, México del séptimo día, que sin alharacas se pone a nombrar las cosas de la tierra, para ver cómo y de qué están hechas, para esparcirlas en la tarde como Carlos Pellicer quien, con su Hermano Sol, coloca cielo arriba y tierra abajo, las grandes cabezas olmecas diseminadas como meteoritos en las selvas de Tabasco. La Revolución Mexicana es un auténtico movimiento popular; algunas mujeres también se yerguen y arrojan sus fúricas protestas y se adelantan a cualquier movimiento feminista en América Latina. Surgen espléndidas figuras como Concha Michel, Benita Galeana y Magdalena Mondragón, cuyas obras no se comparan al heroísmo de su vida. Norteña como Nellie, Magdalena Mondragón, inconforme, se burla del poder en *Los presidentes me dan risa,* prohibida en las librerías por subversiva.

Pertenecer a la tropa significa apretarse el cinturón, tener un corazón bien plantado y un carácter fuerte. Nellie se sabe rebelde, y si no, lo intuye. Sin embargo, Nellie no es una activista, no tiene ambición política (la revolución la curó de espantos de una vez por todas), ni desea más honores que los que se le escatiman. Si en la época de Miguel Alemán la cubren de joyas, no le reconocen méritos literarios. Nellie, entonces, se ciñe a su arte: danza y literatura, literatura y danza; la danza macabra de la revolución junto a la danza que debería ser creada en nuestro país, la que integra múltiples y diferentes aspectos, danza popular cuyos taconazos deberían ser parte de los bailes académicos para reforzar la identidad del país con los pasos que vienen de todas partes y les hablan a los mexicanos de las zandungas y las Adelitas, los ritmos y los decires, los ayayays que gimen al compás de las cuerdas de la guitarra. Así como Concha Michel recoge en un solo libro los corridos de la república entera, Nellie y su hermana "Gloriecita" coleccionan coreografías, brazos y piernas, los pasos de su madre sobre la tierra, su madre: la figura esencial de su vida: "nos dio las canciones y su danza de pasos bordados para nosotros". "Mamá, baila para mí, canta, dame tu voz... Quiero verte bordar tu eterna danza para mí".

"Mamá, vuelve la cabeza. Sonríe como lo hiciste antes, girando con el viento como una amapola roja que deja caer sus pétalos".

Y esta súplica que viene de lo más hondo: "Y yo, ya mujer, vestida de blanco y sin maquillaje, lloraba fuera de la puerta: '¡Mamá, mamá, mamá!'"

Insiste en decirnos en *Las manos de Mamá* que la madre es esbelta. "¿Dónde está usted, señora mía, para adorarle la mano? ¿Está en el cielo donde mis ojos la ven? ¿Acaso su esbelta figura vaga, mecida por el viento, allá en la gloriosa calle de la Segunda del Rayo?"

La madre se dejó morir de pena a los treinta y ocho años, por la súbita muerte de su último hijo, rubio y de ojos azules.

## Desaparición y muerte

Las dos principales obras de Nellie son libros de memorias, los atroces recuerdos de una niña que ve a la muerte pasar todos los días bajo su ventana. Su conocimiento de la muerte es absoluto y definitivo. Sus tablas de la ley son el paredón de fusilamiento y la horca del colgado; sus evangelistas, los fusilados y los revolucionarios que cruzan a galope los pueblos vacíos. Conoce tan bien la muerte que dice de un hombre que camina por la calle: "Va blanco por el ansia de la muerte". Nellie Campobello nunca supo que ella no tendría muerte, que a ella se le negaría su propia muerte. Todos los hombres queremos ser dueños al menos de nuestra muerte; los franceses, por ejemplo, buscan siempre la muerte heroica, "une belle mort" o "une mort très douce" como la muerte que Simone de Beauvoir le adjudicó a su madre, o la muerte de Goethe que exclama en el lecho de su agonía: "Licht, mehr Licht", o la valiente aceptación en las palabras finales de Kant: "Está bien". En México la muerte es expedita, cruel, no vale la pena. "Lo que sea que suene", "Si me han de matar mañana que me maten de una vez". Sin embargo a Nellie, familiarizada hasta la exacerbación con la muerte, le escamotearon la suya propia y no pudo disfrutarla como disfrutó la de los revolucionarios bajo su ventana.

Nellie finalmente es localizada en 1986, en Hidalgo, gracias a los esfuerzos de Irene Matthews, Raquel Peguero, Felipe Segura y representantes de la Comisión de Derechos Humanos, en una tumba en la que hay otros tres cadáveres, al encontrar un certificado de defunción firmado por su secuestrador, marcado por una cruz y dos tandas de iniciales: una, las de su verdadero nombre, Francisca Luna, y otra, las de Nellie Campobello, nombre que ella se inventó.

*Simplemente se esfumó en el aire*

¿Quién se responsabilizó de ella? ¿Qué fue de su herencia? ¿Quién se apropió de lo que Orozco pintó para la Escuela Nacional de Danza, telones de fondo, paneles de teatro, cuadros, dibujos, apuntes del natural, y de los joyeros llenos de alhajas valiosas, el mobiliario y los vestuarios? Simplemente se esfumó en el aire.

Salvo Emmanuel Carballo, quien la entrevistó y la respaldó ampliamente, así como siempre ayudó con emoción a Elena Garro dándole un reconocimiento que ningún otro crítico le ha otorgado en México, en su momento la crítica fue más bien tibia con Nellie Campobello.

De que los revolucionarios fueron machos es una evidencia que salta a la vista. El autoritarismo emanado de la sacrosanta Revolución Mexicana es parte del machismo que permea la relación de pareja, la familiar, la social y la política.

A pesar de que Antonio Castro Leal la incluyó en la antología de la novela de la Revolución Mexicana de la editorial Aguilar, Nellie Campobello no ha ocupado el lugar que se merece. Después de todo es la única autora de la Revolución Mexicana, y tan no fue tomada en consideración que dedicó toda su energía a la danza, en la que también destacó en forma notable.

En 1937, Ermilo Abreu Gómez opinó que "El libro de Nellie Campobello [*Las manos de Mamá*] es una pequeña obra maestra –sobria, casta y honda– de uno de los mejores poetas de México". Francisco Monterde asimismo la consideró más dueña de su técnica que en *Cartucho* y alabó la precisión de su ritmo. Desde luego el más entusiasta fue Martín Luis Guzmán, quien calificó la obra de poema en prosa inspirado en la devoción y la imagen de una madre como seguramente hubo muchas en lo más secreto del heroísmo revolucionario. También Carlos González Peña habla de la realidad y belleza del relato. José Juan Tablada lo califica de libro bárbaro, dislocado y rudo a pesar de sus delicadezas y sus conmovedoras melodías.

*Hugo Margáin, su enamorado*

Cuando murió su madre todavía joven, Nellie confesó:

"La quise tanto que no he tenido tiempo de dedicarme al amor. Claro que he tenido pretendientes, pero estoy muy ocupada con mis recuerdos."

A propósito de galanes, Hugo Margáin, amigo de las dos hermanas, también se enamoró de Nellie y entusiasmado por su belleza dice de ella en una entrevista que le hice el 4 de enero de 1993:

"Era muy atractiva, muy independiente, muy inteligente: sobre todo inteligente. Gloriecita no tenía su capacidad. En alguna que otra ocasión, montamos a caballo en el rancho de Copilco, propiedad de mi padre, y comprobé que Nellie era una gran amazona. No sólo salíamos al campo sino que comíamos y cenábamos juntos con una gran frecuencia. Salíamos con ella y con Gloria (andaban pegadas), y nos íbamos a meter al Regis a platicar de la revolución. Nellie siempre quiso esconder el hecho de ser hija natural; ella capitaneaba a toda su familia y los hermanos se mantenían en el Distrito Federal como un clan. Sobre su hermana menor, Gloria, ejerció un gran poder y la hizo como quería. Gloria, bonita pero muy bonita, era hija de otro marido de la mamá, pero la verdaderamente guapa y de gran personalidad era Nellie, que además hacía el papel de hombre cuando ambas bailaban y le quedaba estupendamente el atuendo charro con los pantalones negros y el sombrero galoneado de plata."

*La Segunda del Rayo*

"Nellie me hizo jurar que no lo platicaría, pero ahora esto es historia. Un día, cuando ya estábamos muy entendidos, me contó: 'Yo era muy chica y tuve un hijo, Raulito, y ese niño era el sol de la casa de la calle de la Segunda del Rayo, en Parral. Todos lo amábamos, mis hermanos, mis primos, todos, y se murió'. No me contó cómo se murió ni se lo pregunté, porque era muy delicada, lo que ella quería platicar lo escuchaba yo, pero si la interrumpía se irritaba. Nellie se vino a México con Gloria. Participaron en el teatro Orientación, dieron algunas funciones en el patio trasero. Nuestra vida giraba en torno al reloj de Bucareli y a sus campanadas. También citábamos a las Campobello en el Café Colón, a la entrada de Chapultepec y eran pláticas apasionadas sobre la revolución. Ella era fanática del tema. Nellie iba mucho a Lady Baltimore, a comprar chocolates con nueces, y también allí, sobre la taza de café, hablaba de la revolución. Cuando fui secretario de Hacienda hice una medalla conmemorativa de Pancho Villa y la primera que salió se la di a ella."

*A la manera de Guadalupe Posada*

Nellie resulta muy vaga en cuanto a la composición de la familia. ¿Quiénes son? ¿Cómo son? ¿Cuántos son? Nunca lo sabremos. La única que ha pasado a la historia es Gloriecita, la bailarina. Habla casi de pasada de un hermano mayor de trece años que se fue a la revolución contra los carrancistas, al que visitó en Chihuahua en un hospital grande "con mucha luz y muchas caras que se despedían del sol. Allí se podía morir más a gusto, nadie llora, no hay velas". Habla de otro, también muerto y enterrado después del descarrilamiento de un tren entre Conchos y Chihuahua.

## Gloriecita

Aunque Nellie todo lo hizo para su hermana Gloriecita y construyó ballets enteros para que la hermana menor luciera su talento, Felipe Segura fue testigo de una confrontación entre las dos:

"La odio, la odio con toda mi alma. Toda la vida me ha manipulado. Desde que era niña, siempre tenía que hacer lo que ella decía. A mí me daban tanto miedo los caballos y tuve que convertirme en amazona, hasta que un día me embarranqué y casi me mato. Sólo entonces entendió que odiaba yo a los caballos. Ahora le he dicho que ya no quiero bailar."

Si en 1929 Gloriecita apareció entre las diez mujeres más bellas del mundo, bailó por última vez en 1958 y murió a los cincuenta y siete años, después de Mauro Luna Moya, el hermano favorito de Nellie.

## Una muerte bárbara

Allí donde otros guardan canciones de cuna, Nellie archiva las imágenes de la revolución en su mente de niña precoz. A la manera de José Guadalupe Posada, Nellie capta a los combatientes en su peor momento, el del disloque, la mueca final: "Si los hombres supieran que inspiran lástima en su última posición, no se dejarían matar". Lo que Nellie jamás previó es que ella no moriría, nadie se detendría en su lecho de agonía, no encontraría espacio alguno sobre la tierra, ningún sepulturero, nadie reclamaría su cuerpo. En su muerte hay tanta barbarie como la hubo en la revolución.

Por eso el libro de Irene Matthews, *Nellie Campobello, la Centaura del Norte,* trasciende, porque resucita a una autora cuyo paradero se ignoró durante años. Si Nellie fuera hombre, México no habría dejado que desapareciera así como así uno de sus novelistas. En 1985, Patricia Rosales Zamora preguntó airada en *Excélsior:* "¿Dónde estás, Nellie Campobello?" Pasaron años para que las mujeres recibiéramos la desconsoladora e indignante respuesta.

*Doce años de silencio sobre su muerte*

La doctora Irene Matthews tiene un afán totalizador que lo deja a uno admirado. En carne propia vivió la desaparición y la muerte de Nellie y no cejó en su intento de aclarar el caso. Feminista, el olvido de la obra de las mujeres que escriben en español en nuestros países siempre la ha indignado, y en el caso de Nellie hizo hasta lo imposible, recurrió a todas las instancias de Derechos Humanos, visitó juzgados, consultó abogados y litigantes, alertó a periodistas y luchó incansablemente, aunque Irene no es una mujer autoritaria o agresiva. Pocas sonrisas tan preciosas como la de Irene Matthews, a pesar de que a veces tarde en aflorar a la superficie. Inglesa ("escocesa" –corregiría Irene), su sonrisa se vuelve especialmente significativa cuando se dirige al sol entre las nubes. "Sol ¿dónde estás? Sol ¿por qué no sales?" Entonces levanta su cara al cielo y le sonríe, y el espectáculo es encantador. En México dejó de sonreír y al lado de la incansable Raquel Peguero no tuvo reposo hasta lograr capturar al siniestro Claudio Cifuentes, el esposo de Cristina Belmont, alumna de Nellie en la Escuela Nacional de Danza, quien se permitió secuestrarla y enterrarla, sin avisarle a nadie, en una fosa sencilla en el municipio de Progreso Obregón, Hidalgo, con las siglas Srita. NC FML, 9 de julio de 1986, la tumba sin sosiego de Francisca Ernestina Moya Luna, conocida por sus familiares y amigos como Nellie Campobello.

¿Cuáles podrían ser los lazos de Irene Matthews, joven doctora y profesora de tiempo completo en una universidad de Estados Unidos, con Nellie Campobello? Irene la tradujo y para ello la visitó en su casa laberíntica y peligrosa en 1979. Nellie le presentó a sus veinticinco gatos, entre ellos Pancho Villa, uno viejo y feo; le enseñó no sólo el libro de su vida sino a bailar y a cantar; Irene la rescató y le hizo las últimas entrevistas que se conocen. La novelista –muy sola– se sintió reconfortada por el homenaje de la profesora que la reconocía por encima del tiempo y del espacio. En México, a Nellie el mundo del arte no le prestaba atención. Una vez, a fines de los cincuenta, Juan Soriano (que es muy travieso) me contó que las hermanas Campobello se bañaban desnudas en la fuente de la Alameda. Ni corta ni perezosa lo escribí y al Magazine de *Novedades* llegó una carta fulminante: no era cierto y yo era una malcriada. Pagué caro mi irreverencia: perdí la oportunidad de entrevistarla. Por eso me dio tanto gusto que Irene Matthews reparara en alguna forma mi inconsciencia. Años más tarde, Irene la encontró en la cama considerablemente enferma, débil y descuidada.

Acompañé a Irene a Ezequiel Montes 128. No pudimos entrar. "Están sucediendo cosas terribles –me dijo ella–. Es una película de terror." La reja cerrada con varias chapas y cadenas oxidadas dejaba ver un montón de escombros, trapos, pedazos de muebles rotos, un imperio en ruinas, así como un retrato desteñido por la lluvia y el sol del cartel de homenaje, hecho para celebrar los cincuenta años de la inauguración de la Escuela Nacional de Danza.

Unos perros doberman impedían la entrada y, en 1995, la juez Margarita Guerra y Tejada tuvo que pedir a la policía que los mataran si la atacaban. La planta baja de la casa, dividida por cortinas, era un desastre. No se podía subir a la planta alta. Había ratas e inmundicias sobre los tablones. Irene ya había visto la casa en pésimo estado cuando visitó a Nellie en 1979, pero el espanto la embargó al comprobar su ruina.

### Machete Pando

"Nellie bailaba y le decían Machete Pando –cuenta Juan Soriano– porque era muy esbelta y salía todos los años a bailar lo mismo en un estadio, un solo día, una danza como de los juegos olímpicos en una enorme superficie, y ella encabezaba a todas con una antorcha que levantaba al aire pero de tanto levantarla se pandeó. Bailaba bien, era muy guapa. Un día lo bailó en Bellas Artes, pero como no sabía hacerlo en un escenario pequeño, dio la vuelta y cuando creía estar frente al público, se encontró de espaldas a él. Esa equivocación le dio mucho sentimiento.

"Su escuela de danza era multitudinaria y las muchachas bailaban en escenarios gigantescos. Eran como gimnastas. Todas se colgaban de palos y de árboles y de todo y luego se les enchuecaba la columna, cargaban piedras y esas piedras eran para su sepultura. ¡Qué mundo!

### Pancho Villa, asesino espantoso

"Nellie era muy fuerte –continúa Soriano–, mucho más que Gloriecita. Le gustaba ser descendiente de Pancho Villa, que fue un bandido tremendo y un asesino espantoso como sólo lo ves en los libros. Ese Centauro fue padre de varias decenas de hijos de muchas mujeres. Luego abandonaba a su numerosa prole, pero ellas se llamaban "Hijas de Pancho Villa". Una de ésas fue Nellie. A su hermana Gloria, Orozco la escogió y fue la única mujer guapa que tuvo porque su esposa era horrorosa y no lo dejaba ni pestañear.

### Los seguidores de Ulises de Joyce y los de Panchito Chapopote

"Eran dos grupos, uno el de los Contemporáneos, que repetían a André Gide, a Baudelaire, *El cementerio bajo la luna,* de Mallarmé, la cosa francesa y al irlandés que transformó la literatura con su *Ulises,* James Joyce, y otro grupo, el de Diego Rivera y los revolucionarios que se vestían de mineros, de mecánicos, de overol, de zapatones de plan quinquenal y querían irse a morir a Moscú. ¿Te imaginas? Para ellos Carlos Marx era lo máximo pero ni lo leían. Yo me eché unos libros de Marx que me parecieron en parte, aburridos, en parte, ingenuos y en parte, tristes. Describían un mundo en el que todos iban a vivir felices porque les iban a quitar todo. Les iban a dejar los calzones y los zapatos esos tan feos. El grupo de los nacionalistas leía cosas revolucionarias que no lo eran tanto y seguían a ese gran equívoco: José Vasconcelos. Si los hombres andábamos destanteados, imagínate ahora a las mujeres; eran trompos chilladores sin saber ni para dónde mirar y eso fue lo que le pasó a Nellie Campobello."

*Contemplar el mundo*

A pesar de su recia personalidad, de su importancia para el movimiento mexicano de la danza; a pesar de ser miembro del grupo de escritores de la revolución, Nellie nunca recibió el reconocimiento que habría estimulado su vocación por las letras. De haber sido así, no habría vivido aislada de la comunidad de escritores. La crueldad que marcó la infancia de Nellie la envolvió de nuevo en su vejez.

"Nellie Campobello –escribió Emmanuel Carballo– vive en una emoción distinta y distante de aquella en que habita la mayoría de los escritores mexicanos. Vive en la región de la Gracia. Contempla el mundo con ojos recién nacidos. Conserva el candor y la generosidad de los primeros años, la alegría expansiva de la juventud."

Fue a Emmanuel Carballo a quien Nellie le dijo:

"Amar al pueblo no es sólo gritar con él en fiestas patrias, ni hacer gala de hombría besando una calavera de azúcar, ni rayar un caballo, ni deglutir de un sorbo media botella de tequila. Amar a nuestro pueblo es enseñarle el abecedario, orientarlo hacia las cosas bellas, por ejemplo, hacia el respeto a la vida, a su propia vida y, claro está, a la vida de los demás: enseñarle cuáles son sus derechos y cómo conquistar estos derechos. En fin, enseñarle con la verdad, con el ejemplo,

ejemplo que nos han legado los grandes mexicanos, esos ilustres mexicanos a los cuales no se les hace justicia. ¿Será porque no hemos tenido tiempo? ¿Porque los ignoramos? Se podría decir: ¿Porque no sabemos?"

"Es excepcional y prodigiosa", considera Carballo.

*Las siete cabritas*

se terminó de imprimir
el 25 de febrero de 2014
en Programas Educativos, S.A. de C.V.
Calz. Chabacano 65-A, 06850 México, D.F.
Composición tipográfica:
Maia Fernández Miret Schussheim